面倒くさがりでも、
時間がなくてもできる

家事が好きになる暮らしの工夫

中山あいこ

はじめに

昨年、初めて本を出版させていただきました（『家事がラクになるシンプルな暮らし』）。想像していたよりも多くの反響をいただき、本当に感謝しています。

その後、雑誌の取材を受けたり、ブログの読者の方や友達から「もっと教えてほしい」という声もいただいて、すごくうれしく、ありがたいなあと思いました。

けれどその反面、戸惑いもありました。全ての家事において、私はどれも自分流で、他の方に合う方法がわからない。せっかく質問をいただいてもうまく答えられず、情けない、申し訳ない気持ちになることが何度もありました。

もっと役に立ちたい。「心地のよい暮らし」を、自分のためだけじゃなく、誰かのために考え、提供できるようになりたい。そんな思いから、ライフオーガナイザー®の勉強を始め、資格を取りました。また、オーガニックコットンメーカーとの出会いもあり、商品作りに少し携わることになりました。

まだ最初の一歩を踏み出したばかりだけれど、ブログ「生活のメモ」を軸にして、「心地のよい暮らし」についてもっと追求していきたいと思っています。

この1年の間に、子どもたちにもいくつかの変化がありました。ハイハイをしていた娘は歩き始め、息子は少しずつ反抗期が始まっているよう。家族の変化に合わせて、暮らしも日々アップデートしています。

本書では、暮らしに対する私の思いと、昨年より少し進化したわが家について綴っています。皆さまが楽しく心地よく暮らすためのヒントを、ひとつでも見つけていただけたら、とてもうれしく思います。

第1章
手間をかけずにできる、おいしいごはんの工夫

第2章　ムダを生まない、もの選びのルール

第3章

効率のいい家事で、時間と心にゆとりを

第4章 簡単手作りで、暮らしを豊かにする

構成／臼井美伸（ペンギン企画室）
撮影／中山あいこ、柳原久子
イラスト／前川ユウ（u atelier）
デザイン／後藤美奈子
本文DTP／Lingwood
編集／別府美絹（xknowledge）

第1章

手間をかけずにできる、
おいしいごはんの工夫

宅配の「引き算注文」で買いものをラクに

私も子どもたちも、食べることが大好きです。だから「食べること」はいつもわが家の暮らしの真ん中にあって、毎日みんなでおいしい食べものを、うれしい気持ちでいただきたいなぁと思っています。食材の買いものは、生協の宅配が中心で、有機野菜セット、冷凍の肉や魚、冷蔵の日配食品などをよく購入します。

注文は、スマホのアプリから。自分がよく注文する商品を登録しておくと、買いものかごの中に自動で入る仕組みになっています。忙しいときは、必要ない商品を買いものかごから削除するだけで注文終了。所要時間はたった1分です。

ちょっとしたすきま時間に、スマホでササッと手軽に注文できて、重たい荷物も自宅まで運んでもらえて、本当にありがたいです。

引き算注文のやり方

1
お気に入りの食材をアプリで登録

一度登録しておけば、その後はゼロから考えなくていいのでラク。

←

2
家の在庫を見て、不要な商品をリストから除く

欲しいものを選ぶより、いらないものを省くほうが早い。

←

これで完了！

3
注文ボタンを押す

「お気に入り登録」している食材

冷蔵もの

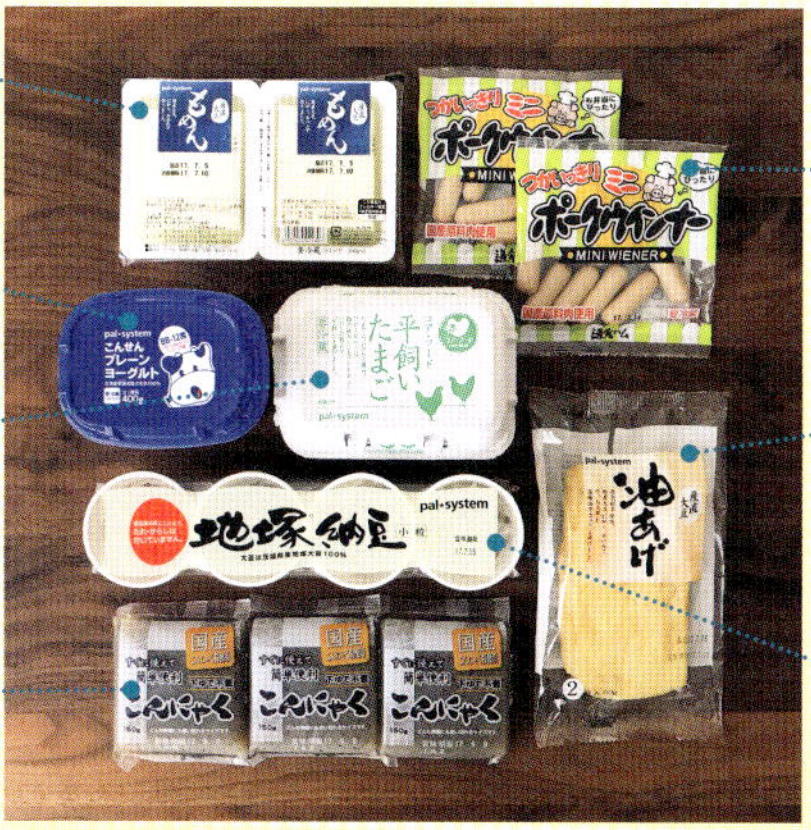

豆腐

使い切りサイズ。原材料は国産大豆とにがり。

ヨーグルト

北海道根釧地区の生乳を100%使用。

卵

遺伝子組換え飼料は不使用の平飼い卵。

こんにゃく(3袋パック)

下ゆで不要。常備しておくと便利。

ウインナー(2パック)

国産豚肉が原料。無塩せき。

油揚げ(2枚入り)

消泡剤不使用。2枚入り。

納豆

遺伝子組み換えでない国産丸大豆。

冷凍もの

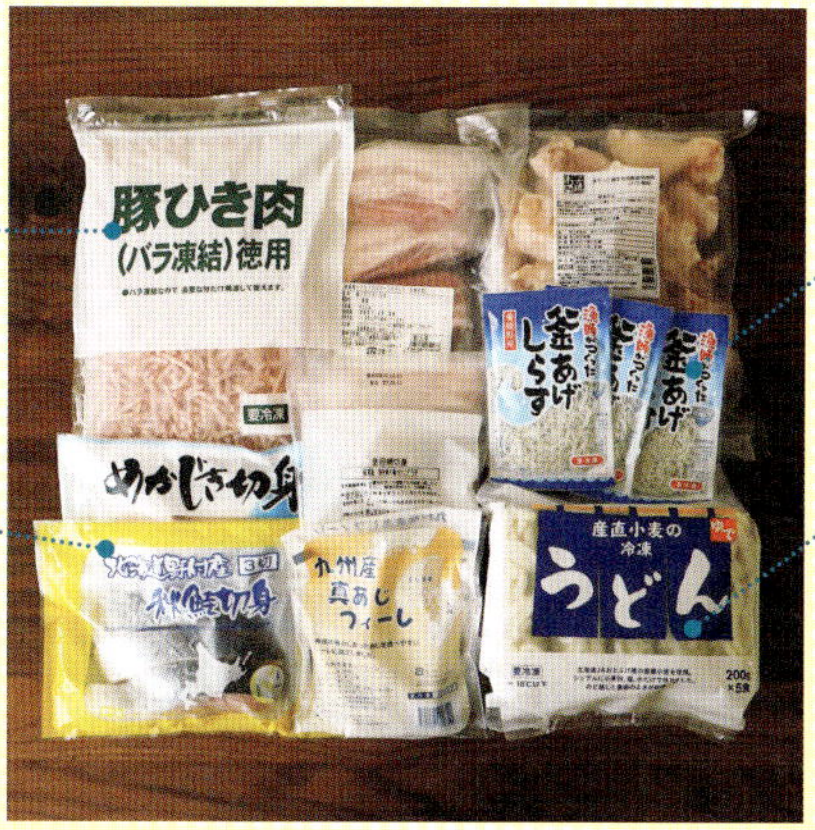

肉

豚や鶏のひき肉、鶏もも肉、豚バラ肉が多い。

魚

鮭やかじきなど使いやすいものを。

しらす(3袋パック)

大葉と一緒にごはんにのせるだけで丼に。

うどん

国産小麦粉、塩、水だけで作られている。

その他

たまねぎ

何にでも使えるので常備しています。

フルーツセット(2人分)

子どもたちの大好きな果物は、2セット。

有機野菜セット

いろいろな旬の野菜が5品届きます。

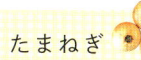

届いた「野菜セット」を中心に献立を考える

毎週届く生協の野菜セットだけでは足りないので、無農薬や有機農園の野菜セットも通販で頼んでいます。どちらも、どんな野菜が入っているのか届くまで分からないので、毎回楽しみにしています。一つずつ注文するよりも少しお値打ちだったり、自分で選ぶより種類が偏りにくいのもいいところ。珍しい野菜も入っているので、自然に料理のレパートリーが広がります。おいしそうな野菜が届くと、「さあ、何をつくろうかな！」と、ワクワクします。

献立を決めるときは、早く傷んでしまいそうな食材を優先に、そして、子どもたちが好きなもの、自分が食べたいものを思い浮かべます。

HIRAI FARM（平井農園）の無農薬野菜１回分（小セット）。どれもとても新鮮で、珍しい野菜も入っています。

少しずつでも料理の腕を上げたいので、料理の本やお料理サイトを見て、新しい味つけにも挑戦しています。

春の朝ごはん

⑤

ホットケーキ（P.24）、いちごジャム、鶏肉入り具だくさんスープ、ポテトサラダ、おかひじきとツナのマヨネーズあえ、セミノール

③

焼きおにぎり、具だくさんのみそ汁、きんぴらの肉巻き、水菜のかつお節サラダ（P.21）、ゆで卵、キャベツのぬか漬け、ヨーグルト

①

玄米おにぎり、新たまねぎのみそ汁、大根葉入り卵焼き、スナップえんどう、大根のごまあえ（P.21）、ぬか漬け、クインシーメロン

⑥

梅酢としらすのおにぎり、豆腐・油揚げ・カブの葉のみそ汁、肉じゃが、菜の花（小松菜）のごまあえ、カブのぬか漬け、せとか

④

おにぎり、あさりのみそ汁、たけのこのかつお節炒め（P.20）、春キャベツのサラダ、長いもの梅酢あえ、黒豆、ぬか漬け、サンフルーツ

②

スコーン（P.24）、いちごジャム、野菜スープ、しいたけのチーズ焼き（P.21）、ミニアスパラガス、新たまねぎのサラダ、ヨーグルト

おすすめレシピ

＼だし汁いらず／

あさりのみそ汁

砂抜きをしたあさりを鍋の中で酒蒸しする。水を加えて加熱し、さらにネギなどを加えてみそを溶き入れる。だしをとらなくても、あさりの旨みだけで十分おいしい。

夏の朝ごはん

⑤

塩むすび、ジャガイモ・たまねぎ・油揚げ・ワカメのみそ汁、オクラの肉巻き、プチトマト、蒸しカボチャ、キュウリのぬか漬け、桃

③

ごま塩おにぎり、コーンポタージュ、ラタトゥイユ、プチトマトとラディッシュのサラダ、ひじき煮、キュウリのぬか漬け、スイカ

①

とうもろこしごはん(P.22)、枝豆のポタージュ、おかひじきのごまマヨあえ、いんげんのくるみみそあえ、ぬか漬け、すもも、さくらんぼ

⑥

玄米おにぎり、夏野菜のスープ、サンマの佃煮、ひよこ豆・ひじきなどのサラダ、島オクラのぬか漬け、豆腐ソース添えブルーベリー

④

そうめんの夏野菜添え（オクラ、キュウリ、セロリなど）、大葉とごま入りのつゆ、カボチャ・ナス・ピーマンの天ぷら、いちじく

②

枝豆おにぎり、じゃがいものポタージュ、とうもろこし、つるむらさきと油揚げののおひたし、トマト、キュウリのぬか漬け、さくらんぼ

おすすめレシピ

＼味つけなしでも甘い／

蒸しカボチャ

種をとったカボチャを一口大に切り、酒大さじ１をふって加熱容器に入れて、電子レンジで５分ほど加熱し、そのまま５分蒸らす。加熱するだけで甘みが増すので、そのままでおいしく食べられる。

秋の朝ごはん

⑤

塩むすび、カブと油揚げのみそ汁、里芋の煮ころがし、きんぴらごぼう、白菜のぬか漬け、キウイ

③

ひじき玄米ごはんのおにぎり、豆腐・たまねぎ・にんじんのスープ、里芋と甘辛みそ、ベビーリーフとカボチャのサラダ、いちじく

①

大葉入り玄米ごはん、トマト・ズッキーニ・セロリの野菜スープ、ひじき煮、ナスとピーマンのみそ炒め、冬瓜のぬか漬け、梨

⑥

きのこごはんのおにぎり、里芋のみそ汁、のり入りの卵焼き、ルッコラのおひたし、にんじんのぬか漬け、いちじく

④

トースト、野菜たっぷりの豆乳シチュー、蒸しカボチャ、ベビーリーフサラダ、りんごヨーグルト

②

さつまいもごはんのおにぎり(P.23)、みそ汁、チンゲン菜とひき肉の炒めもの、切り干し大根の煮物、カブのぬか漬け、巨峰、柿

おすすめレシピ

かくし味は
＼オイスターソース／

切り干し大根の煮もの

干ししいたけとだし昆布を一晩水に漬け、その汁で切り干し大根を戻す。しいたけ、昆布、にんじん、油揚げを細切りにして、切り干し大根と一緒に炒める。戻し汁と酒を加えて煮て、隠し味にオイスターソースを加えて仕上げる。

冬の朝ごはん

⑤

塩麹鶏そぼろの玄米おにぎり(P.23)、白菜・油揚げ・ワカメのみそ汁、焼きレンコン、卯の花、キャベツのぬか漬け、はっさく

③

玄米おにぎり、豆腐と小松菜のみそ汁、ウインナー、芽キャベツのソテー、ひじき煮、大根のぬか漬け、いちご

①

納豆のおにぎらず(P.22)、豚汁、ひじき煮入り卵焼き、ほうれん草のおひたし、長いもの梅酢漬け、みかん

⑥

ネギとしらすのチーズトースト、卵焼き、大豆・にんじん・たまねぎ・ウインナーのスープ、カブのサラダ、ポンカン

④

玄米ごはんのおにぎり、塩麹のスープ、ほうれん草ともやしのナムル、アピオス、にんじんのぬか漬け、いちごジャム入りヨーグルト

②

いくらのおにぎり、大根・にんじん・豆腐のみそ汁、焼き鮭、大根おろし、ブロッコリーとしいたけのごまあえ、ぬか漬け、ラ・フランス

おすすめレシピ

＼ 味つけは
塩麹のみ ／

塩麹のスープ

鶏もも肉を小さく切って、塩麹に漬けておく。キャベツ、たまねぎを切って油をひいた鍋で炒め、肉と水を入れて煮込む。残ったスープを雑炊やうどんにすると、またおいしい。

こんにゃくのおかか炒め

フライパンに油を熱して、こんにゃくを手でちぎって入れる。酒・みりん・しょう油を１：１：１で味つけして、最後にかつお節を混ぜる。

たけのこや
ナスでも OK

食材ひとつだけで作れるおかず

シンプルに食材そのものの味や食感を楽しみたいときや、「あと一品欲しいな」というとき、野菜が余って使い切りたいときには、食材ひとつでできる簡単なおかずを作ります。材料を切る手間が少ないので、短時間で作れます。

味つけや調理法が同じでも、素材を変えるとアレンジが広がります。娘は「甘辛＋かつお節」の味つけが好きなので、上のレシピはこんにゃくだけじゃなく、野菜でもお肉でも作るとたくさん食べてくれます。

チーズ焼きは、できたてはもちろん冷めてもおいしいので、お弁当にもおすすめ。トースターで手軽に作れるので、息子がよく手伝ってくれます。

ごぼうの甘酢あえ

ごぼうをぶつ切りにして、片栗粉をまぶす。多めに油を引いたフライパンで、ごぼうがくっつかないように揺すりながら、カラッとするまで炒める。ボウルの中で甘酢（しょう油、はちみつ、お酢を2:2:1で混ぜたもの）をからめる。

レンコンでも OK

水菜のサラダ

水菜を食べやすい大きさに刻んで、オリーブオイル、しょう油（または塩）、かつお節各適量であえ、きざみのりをのせる。

ゆでもやしでも OK

大根のごまあえ

大根を千切りにして、マヨネーズ、オイスターソース、すりごま（各適量）であえる。

にんじんでも OK

しいたけのチーズ焼き

石づきを切り落とし、笠の裏側にしょう油をほんの少し垂らす。チーズをのせて（マヨネーズを加えても OK）、ほんのり焦げ目がつくまでトースターで焼く。

ピーマンでも OK

「具入りのおにぎり」が冷凍庫にあると安心

白いごはんや玄米ごはんも美味しいけれど、混ぜごはんや炊き込みごはんも大好きで、よく作ります。

ホカホカのごはんに、大葉や大根の葉、塩レモン、じゃこなどを混ぜるだけで、おいしくて、栄養もプラスできます。炊き込みごはんは、野菜や肉、魚からおいしいだしが出て、ごはんに染み込んでくれます。おかずがなくても、混ぜごはんや炊き込みごはんがあれば、みそ汁を添えるだけで満足感があります。

味のついたごはんは傷みやすいので、おにぎりにして早めに冷凍保存しています。ちょこっと小腹が空いたときや、帰りが遅くなってしまったとき、冷凍庫に具入りのごはんがあると安心です。

とうもろこしごはん

お米と水はいつもの量で、塩を適宜入れ、包丁で削いだとうもろこしの実と、芯を一本分まるごと加えて、炊き込みます。芯は食べられませんが、一緒に炊くとおいしいだしが出ます。

作りおきおかずのおにぎらず

のりの上にごはんをのせ、ひじき、きんぴらなど作りおきのおかず（左はナムル）をのせ、さらにその上にごはんをのせる。ラップでピッチリのりごと包み込んで冷凍。食べるときは、温めてラップの上から半分に切る。

納豆を挟んでもOK

塩麹そぼろごはん

塩麹の鶏そぼろを玄米ごはんに混ぜて握るだけ。やわらかくて小さい子どもにも食べやすいです。

鶏ひき肉（または豚）を油をひいた鍋で炒め、酒・塩麹を適量入れてさらに炒める。

さつまいもごはん

いつもの分量の米と水と一緒に、一口大に切ったさつまいもを混ぜて炊く。おにぎりにして、黒ごまをふる。

ぬか漬けの容器は、野田琺瑯。衛生的で劣化しないのも魅力です。

手作りのぬか漬けがあるとうれしい

使い残りの野菜は、ぬか漬けにします。生野菜よりぬか漬けにしたほうが、栄養価が高くなるそう。

忙しい朝でもすぐできる
スコーン&ホットケーキ

下の子が生まれてから、パンを作る時間をあまり持てていません。でも、スコーンやホットケーキなら手軽に作ることができます。

子どもたちは、ジャムやはちみつ、メープルシロップが大好き。生地に混ぜるよりも塗って食べるほうが、同じ量でもより甘くておいしい気がします。

全粒粉入りで
サクサク

スコーン

材料

薄力粉 200 g（3割ぐらい全粒粉を混ぜてもよい）、ベーキングパウダー 5 g、なたね油 10 ～ 20 g（私は 10 g ぐらいが好き）、ヨーグルト 80 g

作り方

①粉とベーキングパウダーを混ぜる。
②①に油とヨーグルトも混ぜる。こねすぎないように、さっくりと。
③ひとつにまとめてから、包丁でカットする（または型で抜く）。
④予熱なしのオーブンで、180 度で 20 分焼く。

ホットケーキ

材料

小麦粉 150 g、ベーキングパウダー 5 g、なたね油 10 g、豆乳 200 mℓ

作り方

①材料を混ぜ合わせて生地をつくる。
②火をつける前のフライパンに、キッチンペーパーで油（分量外）を薄く塗り、スプーンで生地を垂らしながら顔を描く。
③1 ～ 2 分弱火で焼いて、冷ましてからその上におたまで生地を丸く落とす。
④表面にプツプツ穴が開いてきたら、ひっくり返して焼く。

目と口の部分だけ先に焼いて、時間差で本体を焼きます。

朝

にんじん、大根、白菜のみそ汁。

具が減ったときは

夕

小ネギ、ワカメ、トースターで焼いた油揚げを足しました。

プラスしやすい具材

- ワカメ
- 小ネギ
- 大葉
- カイワレ
- 麩
- 豆腐
- 油揚げ
- とろろ
- 三つ葉
- 天かす
- みょうが
- ゆずの皮

朝のみそ汁に具をプラスして夕ごはん用に

朝だけでなく、夕ごはんのときにもみそ汁を飲むことが多いです。だしのとり方はいろいろあるけれど、簡単でおいしい水だしがお気に入り（P.77）。煮干しと昆布でとっただし汁を1ℓ準備しておき、朝ごはんのみそ汁はたっぷりと。身体を温めて、家族みんなが今日1日を元気に過ごせますようにと心を込めて作ります。

そして、朝ごはんで残ったぶんは夕ごはんに。具が少なくなったときは新たに追加して、もう1度おいしくいただきます。そのために、みそ汁に手軽にプラスできる具材をいろいろと用意しています。

毎日おいしいみそ汁を作りたいので、冬に一年分のみそを仕込みます。

平日の夕ごはんは15分でできる3パターンが定番

平日、娘をお迎えに行って帰宅すると、いつも19時前後です。子どもたちも私も、もうお腹がペコペコなので、夕ごはんはさっと準備して、早くみんなで「いただきます」を言いたい！

そんなわけで、育休明けからこの1年間試行錯誤した結果、平日の夕ごはんは、下の3パターンがわが家の定番メニューになりました。

前日や朝にたっぷりとおかずを作ったときは、①の残りものアレンジメニューに。カレーにアレンジしたり、残りものにプラスして魚を焼くことも多いです。②の丼メニューは、フライパンで肉と野菜を炒めたら、ごはんの上にのっけるだけでできあがり。そしてごはんがなくて、炊く時間もない、というときは、③の麺メニューで乗りきります。

＼すべて汁ものつき／

15分でできる夕ごはん 3パターン

パターン① 残りものアレンジおかず

前日や朝におかずをたっぷり作ったときは、
残りものをカレーなどにアレンジしたり、
メインの魚や肉だけプラスしたり。

パターン② フライパン1つでできる丼もの

肉＋たまねぎ＋冷蔵庫にある野菜を炒めて、
ごはんにのっけるだけ。
味つけを変えれば、飽きずに楽しめます。

パターン③ 野菜たっぷりの麺メニュー

ごはんを炊く時間がない、作りおきもない、
肉も魚も解凍していないときには、
冷凍うどんやパスタの出番です。

パターン1

残りものアレンジおかず

残りものは、飽きないようにアレンジして
おいしく食べきります。

ラタトゥイユをアレンジ！

ラタトゥイユカレー

ラタトゥイユの鍋に、カレールウを加えて溶かすだけ。

蒸しカボチャをアレンジ！

カボチャのサラダ

蒸しカボチャ（P.17参照）に塩、コショウ、豆乳（各適量）を加えて味つけし、フォークでつぶしてなじませる。

豚汁をアレンジ！

豚汁うどん

冷凍うどんを電子レンジで加熱して、温めた豚汁に入れる。味が足りなければめんつゆを加える。

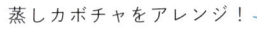

パターン②

フライパン1つでできる丼もの

肉とたまねぎをベースに、
そのときある野菜を加え、5つの定番の味つけでつくる「名もない丼」。
組み合わせを変えれば、バリエは無限に広がります。

わが家の定番丼ものレシピ

＜肉＞
- 豚バラ薄切り
- 鶏もも肉
- ひき肉
（牛・豚・鶏）

×

＜野菜＞
なす、ピーマン、小松菜、にんじん、パプリカ、トマトなど、冷蔵庫にあるもの何でも

×

たまねぎ

×

＜味つけ＞
- にんにくしょう油（＋みりん）
- カレー粉
- 塩、コショウ
- ケチャップ（＋ウスターソース）
- みそ（＋マヨネーズ）

＼塩、コショウでさっぱりと／

チンゲン菜ともやしの豚ひき肉丼

野菜は食べやすく細切りにする。油をひいたフライパンで豚ひき肉を炒めて、酒と塩で味つけする。たまねぎ、にんじん、もやし、チンゲン菜の順番で加えて炒め、最後に塩、コショウで味を整える。あれば紅しょうが（P.107）をのせる。

＼ケチャップ＋ウスターソースで／

ナスとしめじとキャベツの鶏肉丼

野菜は食べやすい大きさに切る。油をひいたフライパンに、鶏もも肉をキッチンバサミで一口大に切りながら入れて、炒める。野菜も加えて炒め、ケチャップとソースで味をつける。途中でフライパンのフタを閉めるのが時短のコツ。

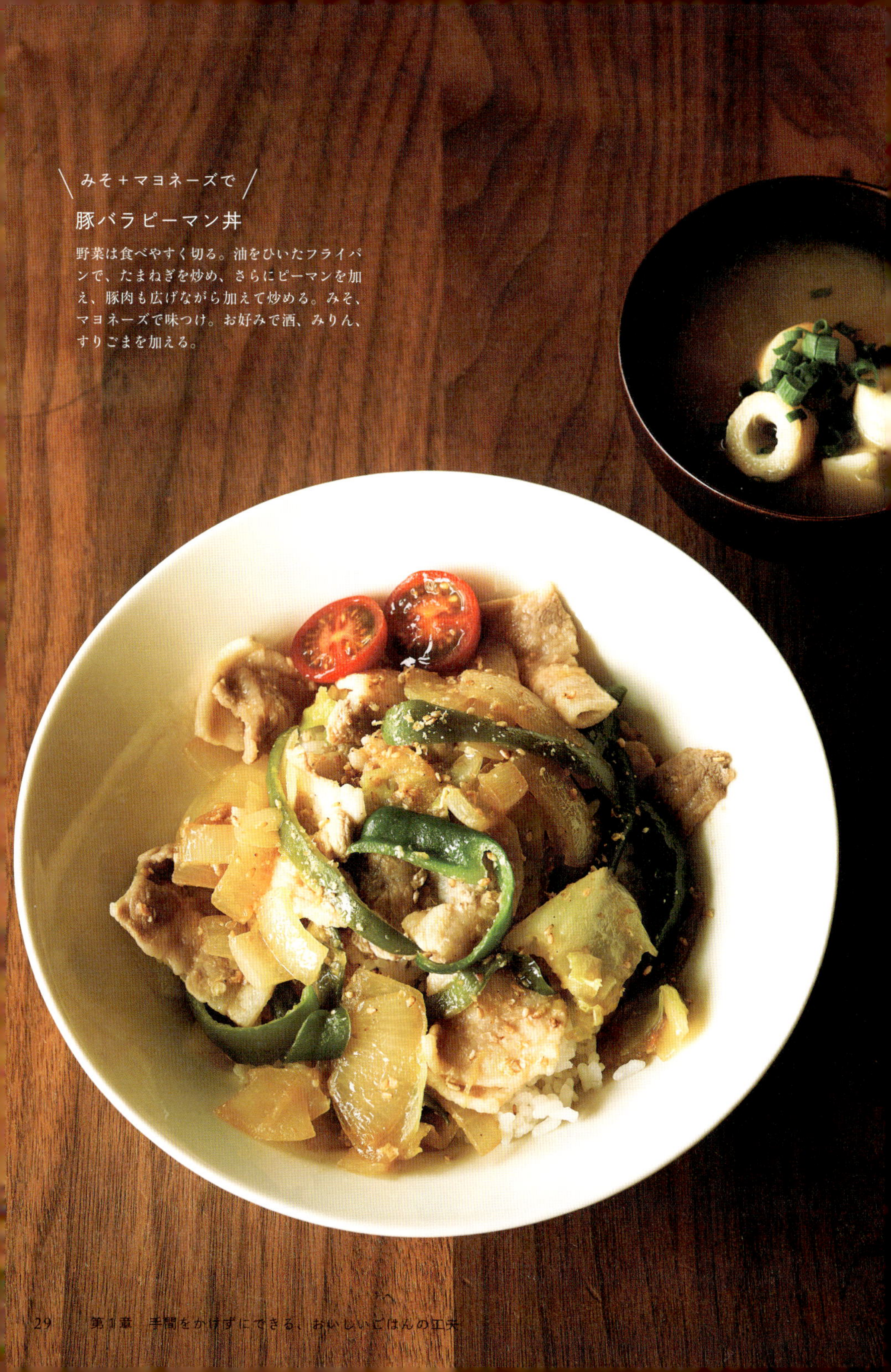

\ みそ＋マヨネーズで /

豚バラピーマン丼

野菜は食べやすく切る。油をひいたフライパンで、たまねぎを炒め、さらにピーマンを加え、豚肉も広げながら加えて炒める。みそ、マヨネーズで味つけ。お好みで酒、みりん、すりごまを加える。

パターン③

野菜たっぷりうどんorパスタ

常備しているウインナーやツナ缶を使うと、
火をじっくり通す手間が省けます。

＼ 火を使わない ／

ツナと大根おろしのパスタ

ゆでたパスタにツナ（オイルも一緒に）と大根おろし、大葉の千切りと刻みのりをのせ、しょう油かめんつゆ、またはポン酢をかける。オリーブオイルを足してもOK。

竹製の鬼おろしを使うと汁が少なく、辛みも少ないふんわりとした大根おろしができます。

＼ 味つけはひとつだけ ／

ウインナーとキャベツの焼きうどん

冷凍うどんを、袋の表示通りに電子レンジで加熱する。たまねぎ、キャベツ、ネギ、ウインナーを薄く切って、油をひいたフライパンで炒める。にんにくしょう油、うどんを加えてさっと炒める。器に盛り、かつお節と青のりを加える。

"15分夕ごはん"の強い味方

常備しておくと便利な食材

乾燥パスタ

有機全粒粉パスタ。香ばしくて、和風味にも合います。

冷凍うどん

宅配で登録している食材。冷凍庫にあると安心。

缶詰・レトルト

カレーやハヤシのルウ、調理済みの缶詰やパウチ食品など。

にんにくしょう油

にんにくをしょう油に漬けて冷蔵庫に保存。麺や丼の味つけに。

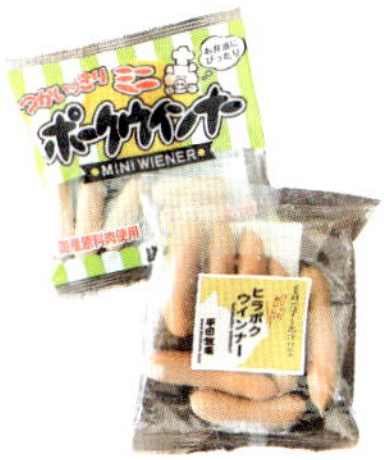

ウインナー

なるべく食品添加物を使っていないものを選んでいます。

時短調理に便利な調理道具

スキャンパンのフライパン

剥がれにくい、安全なフッ素樹脂加工で、10年保証。油を使わずに調理でき、火のまわりも早いです。

ジオ・プロダクトの鍋

熱伝導率が高く、食材の栄養や旨みをぎゅっと閉じ込めながら、短時間で調理できます。

圧力鍋とおひつでごはんをもっとおいしく

長年使っていた炊飯器が壊れたのをきっかけに、圧力鍋でお米を炊くことにしました。圧力鍋で炊いたご飯は、期待以上のおいしさ！ 白米は浸水も不要で、加圧わずか1分（超高圧の場合）で炊き上がり。玄米は発芽させたいので、一晩～数日浸水させてから炊いていますが、ムッチリもちもちになります。

朝、ごはんが炊き上がったら、おひつに移します。冷めても時間がたっても、ごはんはツヤツヤ。圧力鍋とおひつの力で、ごはんをますますおいしく食べられるようになりました。

圧力鍋を購入するまではずいぶん悩んだけれど、調理時間が短くなってガス代を節約できるし、料理の幅も広がって、今ではわが家にとってなくてはならない存在です。

ごはん粒がツヤツヤ光っている気がします。冷めてもおいしい。

おひつに入れれば冷めてもおいしい

おひつは東屋のもの。水分を程よく吸収してくれるので、ごはんがべたつかずふっくら。木のしゃもじも東屋で、陶器のしゃもじ立ては小兵窯のものです。

炊飯は圧力鍋にお任せ

フィスラープレミアムの圧力鍋。子どもたちが食欲旺盛なので、6ℓ サイズを選びました。短時間で、野菜の皮や芯までトロトロにおいしく煮上がります。

玄米ごはんも、圧力鍋で炊くともちもちに。子どもも食べやすくなります。

何も加えず素材のおいしさを味わう

私も子どもたちも果物が大好き。そのままで食べたり、煮たり、いろいろな食べ方で楽しみます。なかでもりんご煮は、わが家の定番。しっとりやわらかいので小さな子どもでも食べやすく、バターや砂糖を使わなくても甘くておいしくて、あっという間になくなってしまいます。

秋になると、実家の母が柿やリンゴを大量に送ってくれます。

「しっとりりんご煮」の作り方

①りんごの皮をむいて8分の1以下に切る。皮をむかなくてもできるが、むいたほうが口当たりがなめらかになる。

②りんごを鍋に入れてフタをして、弱火～中火で約10分加熱する。数分後には りんごの汁が出てきてグツグツしてくる。

※りんごの汁がしみ出てこない場合は、焦げてしまう前に水を50㎖ほど入れます。

③ぐるんと全体を混ぜて弱火でプラス5分煮たら、火を止めてフタを閉めたまま10分以上放置する。

できあがり

ヨーグルトに混ぜたり、パンにのせてもおいしい。

娘が１歳２カ月の頃の食卓。味をつける前に少し取り分けて、手づかみで食べやすい大きさに切っています。

離乳食に手間をかけすぎない

息子が生まれたとき、初めて離乳食を作りました。鍋でおかゆを炊いたり、ゆでた野菜を裏ごししたり、食べる量を測ったり……。やっとできた離乳食なのに、ほとんど食べてもらえなかった日は、心が折れそうになりました。

そんなとき母が、「離乳食をわざわざつくらない」方法を教えてくれました。「みそ汁や煮ものの味をつける前に、野菜を少し取り出す」「炊飯器でお米を炊くとき、湯のみを一緒に入れて、その中でお粥を作る」「裏ごしをしなくても、スプーンで潰しながら口に運んであげる」などなど。簡単でラクなこのやり方なら私でも続けやすくて、時間にも心にもほんのり余裕ができました。

それから10年後、今度は娘が離乳食期を迎えました。おっぱい以外のものを口に入れて飲み込むことの楽しさや、できたてのいい匂い、みんなで食卓を囲む幸せ、食べる喜びを、少しずつ知ってもらいたいな。

マヨネーズ風調味料

卵を使わず、国産大豆原料でつくった豆乳を使用しています。

みりん

アルコールを飛ばせば、かき氷シロップやプリンのカラメルにも。

しょう油

国産の有機大豆を使用した、天然醸造の濃口しょう油。

オリーブオイル

低温圧搾法一番搾りのオーガニックオイル。

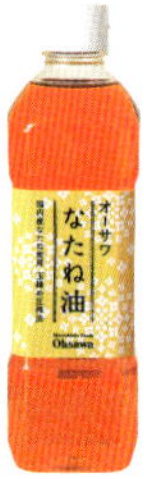

なたね油

国内産なたね100%の玉締め圧搾法一番搾り。お菓子作りにも。

オイスターソース

炒めものや煮もの、おでんの隠し味にも使います。

乾物や豆、調味料はお気に入りをネットで取り寄せ

下の子が生まれてから、ネット通販を利用することがますます増えました。少なくとも月に1度は、調味料やストック食材などをまとめて注文しています。小さな子どもと一緒に買いものに出かけて、重たい瓶類を持ち帰るのはすごく大変だけれど、ネット注文なら簡単に購入できて、定価より安い場合も多く、届くのも早くて、とても助かります。

水や缶詰・レトルト類は、災害時の備えとして、ローリングストックしています。定期的に消費して、その分補充するという方法です。

野菜や肉と同様に、調味料も、できるだけ安全でおいしいものを選びたいと思っています。

豆乳

料理やお菓子作りに使い切りやすい、200mlのパックを常備。

トマトピューレ

1パックに約8個もの有機トマトが2倍濃縮されています。

和風だし・欧風だし

水だしがないときや、炒めものに手軽に使える、便利な顆粒だし。

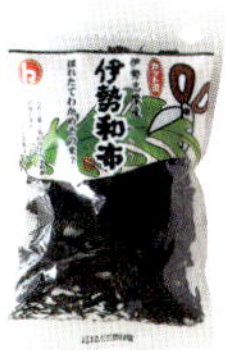

乾燥ワカメ

風味がよくて、カット済みなので使いやすい。

やき麩

膨張剤を使っていないので安心。おやつにアレンジすることも。

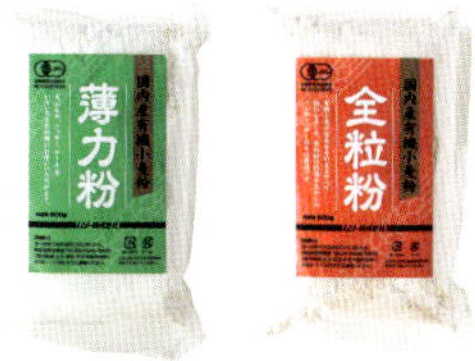

薄力粉・全粒粉

全粒粉は栄養価が高く、香りや食感が好き。薄力粉に混ぜて使います。

メープルシロップ

パンにつけたり、おやつ作りに使ったり。

飲み比べて選びました

料理酒は味の決め手だと思っているので、慎重に選びます。そのまま少しだけ飲んでみたり、左の写真のように何種類か昆布を入れて、数日置いてから比較してみました。

料理酒

今使っているのは、「大木大吉こんにちは料理酒」。

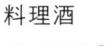

バリエがどんどん広がる4つのシンプルおやつ

子どものおやつの時間は、休日だけのとっておき。買ってくることもあるけれど、手作りするのも好きです。おやつをテーブルにのせたとき、子どもたちが「わぁ！」って笑顔になると、うれしい気持ちになります。

手作りといっても、私が作るのは本を見なくてもできるぐらい簡単なものばかり。基本のレシピは下の4つだけです。

クッキーの分量は、「粉・油・メープルシロップ＝10・3・3」と覚えておけば、あとは自由にアレンジ。すりごまを混ぜてごまクッキーにしたり、ココアパウダーや茶葉を入れることもあります。寒天ゼリーは、ジュースやシロップを固めるだけ。おもちはお米を使っていないけれど、もっちもちになります。パウンドケーキは、よく泡立てる手間もいらなくて簡単。どれも混ぜる具材を変えて作ると、いろんなおいしさが楽しめます。

子どもたちが台所に寄ってきて、手伝ってくれることもあります。おやつって、作るのも食べるのも本当に楽しいなと思います。

この４つのアレンジが定番！

パウンドケーキ

バターや卵がなくてもOK。甘いケーキもおいしいけれど、野菜ケーキも大好き。あまったら冷凍保存して、朝ごはんに食べることも。

寒天ゼリー

寒天を溶かすだけで簡単に作れるし、お腹にやさしいので、うちの定番おやつです。果物と一緒に楽しむことが多いです。

おもち

大根や里芋、おからなどを使えばヘルシーなおやつになります。たれの種類を変えると、また新鮮な味に。

クッキー

小麦粉：油：砂糖の比率だけ覚えておけば、そのときある材料でいつでも簡単に作れます。お友達への手土産にすることも。

大根・おからで作る
おもち

3つの材料でできる
クッキー

食事にもなる
パウンドケーキ

固めるだけで簡単
寒天ゼリー

←定番おやつのアレンジレシピは、次のページから

分量が10：3：3で覚えやすい

基本の
クッキー

作り方

①なたね油とメープルシロップをよく混ぜる。
②①に薄力粉を加えて混ぜる。
③好きな形をつくる。
④オーブンを予熱（170度）。
⑤15分焼いたら、できあがり。

※生地がやわらかすぎて形がつくりにくい場合は③の生地にラップをして冷蔵庫で30分程度冷やす。

材料（約30個分）

薄力粉100g、なたね油30g、メープルシロップ30g

ボタン型は、生地を棒状にして包丁で輪切りにし、つまようじで2個穴を開けます。

▶▶▶ バリエーション

塩麹ビスケット

メープルシロップの代わりに塩麹15gと水15gを入れる。好きな大きさに包丁で切って（型ぬきしてもOK）、フォークで穴を開けてから焼く。

＼お気に入りの クッキー型を使って／

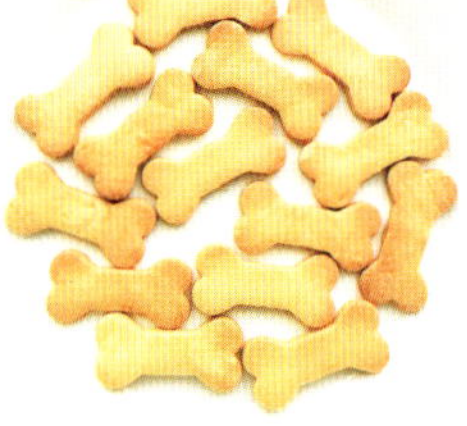

子どもも一緒にできるように、失敗しにくいシンプルな形のものを使います。

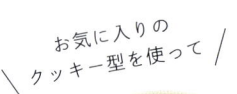

おいしくて便秘予防にも！

基本の

寒天ゼリー

作り方

①水とフレーク寒天を鍋に入れ、スプーンで混ぜながら寒天を煮溶かす。
②ぬらしたボウルに、果実のシロップを入れる。※ボウルを濡らしておくと、固まった後容器にくっつきません。
③ボウルに①を少しずつ入れながら、スプーンで素早くかき混ぜる。
④冷めて固まったらできあがり（常温でも固まります）。

フレーク寒天は、ふやかしたり裏ごしする必要がなくて手軽。

材料（約6～7個分）

フレーク寒天 5g、水 500mℓ、果実のシロップ 100g
※シロップがないときは、水 100mℓと果汁100%ジュース 500mℓ

キウイシロップ

カットしたキウイと同量の氷砂糖を瓶に入れる（左）。1日置くと、上のように砂糖が溶ける。冷蔵庫に保存して、1週間程度で食べる。

▶▶▶ バリエーション

豆乳プリン

フレーク寒天 2g、メープルシロップ 10～20g、水 100mℓを鍋で煮溶かす。豆乳 200mℓを入れて、かき混ぜて火を消し、容器に入れて固める。あれば、さくらんぼなどの果実をのせる。

＼いただきま～す／

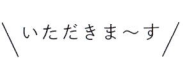

お米じゃないけどもっちもち

基本の

おもち

作り方

①材料をすべて混ぜて、形をつくる（成形しやすい固さに水分を調整する）。
②油をひいたフライパンで両面をこんがりと焼く。
③みたらしやチーズなどで味をつけたり、のりをのせる。

材料（約6個分）

大根もち……すりおろした大根200 g、片栗粉50 g、薄力粉50 g
※ 大根は水分が出ないよう粗めにおろす（鬼おろしなどで）。
おからもち……おから100 g、片栗粉50 g、水150 ㎖

バリエーション

みたらし味

しょう油、みりん、メープルシロップを同量ずつ混ぜたたれを加えて煮詰める。

はちみつとみそを同量混ぜたものを塗って焼いてもおいしい。

チーズ味

仕上げに、しょう油やケチャップを塗って、チーズをのせて焼いたり、チーズをのせた上にのりをのせてもおいしいです。

チヂミ風

材料に小ネギを混ぜて焼く。ポン酢とごま油とすりごまを混ぜたタレをつけていただきます。

\なんちゃって/ くずもち

豆腐（木綿でも絹ごしでも）にきな粉をたくさんつけて、メープルシロップをかけて、くずもち風に。

国内産有機大豆を使ったきな粉を、通販で購入しています。

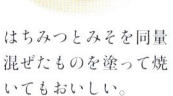

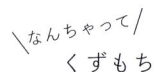

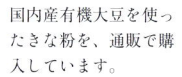

卵がなくてもバターがなくても

基本の

パウンドケーキ

作り方

①具を入れる場合は小さく切る。
②てんさい糖、なたね油、豆乳をよく混ぜる。
③②に薄力粉、ベーキングパウダー、具を加えてさっくり混ぜる。
④なたね油（分量外）を塗った型に③を入れ、上にゴマを振る。
⑤180度で予熱しておいたオーブンで45分ほど焼く。

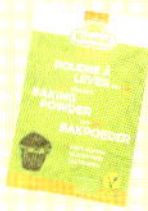

「風と光こだわりのベーキングパウダー」がお気に入り。

材料

（21.5×8.7×6㎝の型1個分）

薄力粉200 g、豆乳150㎖、なたね油50 g、てんさい糖50 g（好みで減らしてもよい）、ベーキングパウダー5 g、好きな具（さつまいも、干しブドウ、クルミなど）

※卵を使うときは、その分豆乳を減らす。にんじんやリンゴなど水分の多いものを使うときも、豆乳を減らす（マイナス20～50 gくらい）。

▶▶▶ バリエーション

野菜のケークサレ

ベーコン、たまねぎ、パプリカ、カボチャなど、好きな具を小さく切り、油をひいたフライパンで炒めて塩少々で味つけする。あとはてんさい糖以外の材料で上と同様に作るが、粉を混ぜるとき、塩少々を加える。

ピザのトッピングは、子どもたちにお任せ。張りきってやってくれます。

作るところから楽しむおうちパーティー

誰かがわが家に遊びに来てくれて、一緒にごはんを食べることになると、息子は大喜び。前日から、ワクワクそわそわしています。

大勢集まるときは、みんなで一緒に作れるメニューを考えます。ピザやケーキの台を準備しておいて、盛りつけは子どもたちにやってもらいます。混ぜごはんをたくさん用意しておいたら、ママたちがおにぎりを握ってくれて、準備のときからワイワイ大盛り上がり。

食器が足りないときは紙皿を使い、椅子が足りないときは和室で座卓を囲んで。大好きなみんなと作って食べて、たくさん笑って、最高に楽しい時間です。

薄力粉でできるピザ

材料（約５枚分）

薄力粉 200 g、好きな具、溶けるチーズ、ケチャップまたはマヨネーズ、オリーブオイル各適量

作り方

①薄力粉と 100 mℓの水を箸で混ぜる。
②手でひとつにまとめて、ぬれぶきん（またはラップ）をかぶせて 30 分常温で寝かせる。
③適当な大きさになるよう生地を平たく薄く伸ばして、両面にオリーブオイルを塗る。
④ケチャップまたはマヨネーズを塗って、具とチーズをトッピングする。
⑤300 度に予熱したオーブンで、６～７分焼く。

混ぜごはんを
みんなでおにぎりに

カブの葉をみじん切りにして油で炒め、みりんと塩で味つけ。そのまましばらく置いて水分を飛ばしたものを、すりごまと一緒にごはんに混ぜました。私がほかの準備をしている間に、ママたちに握ってもらいます。

Column

子どもとゆっくり
向き合えないときは“歌う”

心や時間に余裕がなくて、娘と向き合って遊んであげられないとき、私は、洗濯物を干しながら、ごはんを作りながら、自転車に乗りながら、歩きながら、童謡を口ずさんでいます。そうすると、娘はたいていゴキゲンさん。身体をゆらゆらさせて、振りもつけて、大きな声で一緒に歌ってくれます。

自分がちょっと落ち込んでいる日でも、ふたりで歌っていると楽しい気持ちが膨らんでいくから、歌の力ってすごいなあと思います。

私が子どもの頃、母と一緒に歌っていた童謡を、今は私と娘が一緒に歌い、そしていつか、娘が母になったとき、孫と一緒に歌ってくれるのかな。

第2章

ムダを生まない、物選びのルール

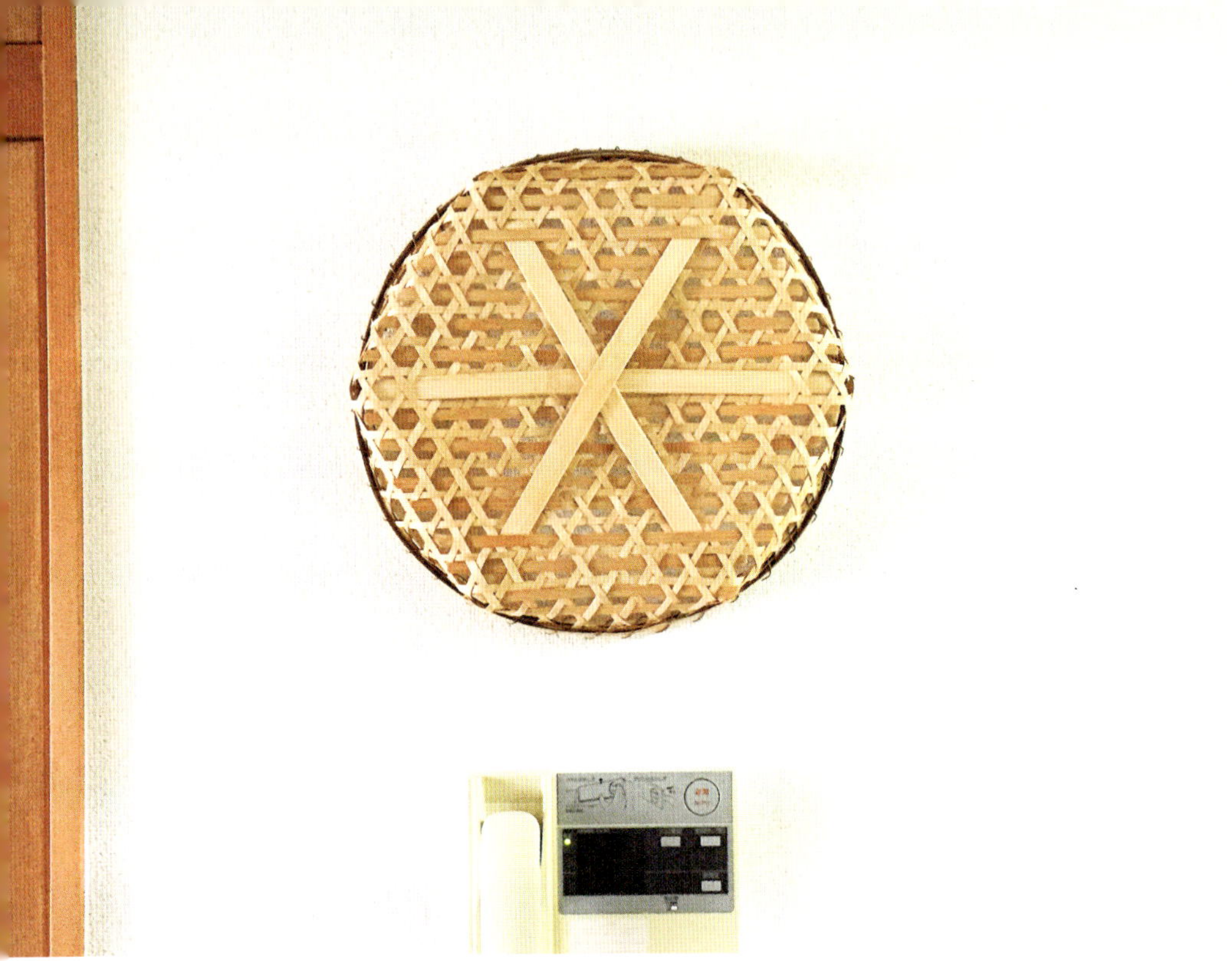

福島の職人さんの手で、一つひとつ丁寧につくられた竹細工の干しざる。使わないときはダイニングに飾っています。美しい編み目にいつもうっとり。

ものを買う前に考えること

今までたくさんの買いものをして、何度も失敗をしました。「手に入れる」と「処分する」のくり返しを少しでも減らしていきたいので、自分なりのもの選びの基準を考えてみました。

左の6項目の中で、最初に考えるのは、「見た目が好き」と「自分の暮らしに合っている」です。色、形、素材など、私にとって見た目はとても大切。うっとりするぐらい好きなものは、使うたびにうれしい気持ちになれるからです。そして、質やサイズが自分の暮らしに似合うものを、慎重に選びます。

「もの」と「暮らし」は深く結びついていて、どんなものを選ぶかで、暮らしは変わっていく。吟味して選んだものを大切に使うことは、暮らしを大切にすることにつながると思います。

自分なりのもの選びの基準

自分の暮らしに合っている

自分や家にサイズが合う、他のものとのバランスがいい、お手入れが面倒でない、維持できるなど、身の丈に合うもの。

見た目が好き

ワクワクするもの、うれしくなるもの、うっとりするほど美しいなど、心から愛せるもの。誰かのおすすめより、自分の感覚を一番に。

使い回せる

機能やデザインがシンプルなものは、いろいろな用途に使い回すことができて便利です。

耐久性がある

素材やつくりが頑丈で壊れにくく、繰り返し使えるもの、長くつき合えるもの。

定番品である

流行に左右されない定番品で、壊れたときまた買い直せたり、セットのうちひとつが欠けたときも買い足せるもの。

修理や部品交換ができる

故障したり劣化したらアフターケアをしてもらえるか、信頼のおけるメーカーかどうかを購入前に確認します。

耐久性がある道具を選ぶ

長くとことん使える道具がいいなあと思っています。何度も買いものをする手間が省けたり、節約にもなるし、長くつき合うことで愛着が湧いてきます。

たとえば物干し竿。昔使っていたものは、鉄芯がさびたりプラスチックの部分が劣化して、数年で壊れてしまいました。屋外で使っても劣化しにくい、耐久性の高いものを探した結果、芯も端っこのキャップもオールステンレスの物干し竿にたどり着きました。

見た目が美しいだけでなく、使い心地にも大満足。重量があるのでずれることもないし、汚れもつきにくいのです。

耐久性に優れたものは、長い目で見ればエコにもつながると思います。

フェイラーのタオルハンカチ

やわらかくて触り心地のいい、シュニール織りの生地。毎日使って、繰り返し洗濯しても、ほつれたりへたったりせずとても丈夫です。

ステンレスの洗濯グッズ

耐久性に優れた18-8ステンレス。竿は物干し竿専門店「スマイルスマイル」で購入しました。洗濯バサミ、布団バサミ、ピンチハンガーは大木製作所のもの。

カイ・ボイスンのカトラリー

シンプルで飽きの来ない美しいデザイン。娘が生まれたときに、ひと組買い足しました。

イッタラの食器

オーブンでも電子レンジでも使えて、割れにくく洗いやすい、シンプルな器。同じ形でそろえていると、重ねて収納しやすく、食洗機にも入れやすいです。

買い足せる定番品を選ぶ

以前は、どこのメーカーか分からないカトラリーを数種類持っていました。でも、見た目にも統一感がなく、買い足したいと思ったとき、どう選べばいいのか悩みました。そこで、思い切って全部を買い替えることに。そのとき考えたことは、耐久性、価格、持ちやすさ、デザインの他に、今後も買い足しやすいかどうかです。デパートでリサーチした結果、カイ・ボイスンに決定。ほとんどモデルチェンジしないことが決め手となりました。

一種類にしたことで、いつも見た目に統一感があって、取り出すときに迷うこともなくなりました。多く流通していて、買い足しやすいところも魅力です。

リゼッタの革バッグ

バッグが壊れるときは、持ち手と本体の継ぎ目がほつれてくることが多いので、アフターサービスについて確認をしてから買いました。

工房アイザワのお弁当箱

ステンレスのお弁当箱は耐久性バツグン。パッキンが劣化したときは、パッキンだけ購入できます。

修理したり、部品を替えて使えるものを選ぶ

ものを長く愛用するために、お店のアフターサービスに助けてもらうことも多いです。

バッグは、使っているうちに持ち手の縫い目がほつれたり、内布が破れたりすることがあります。以前持っていた革のバッグは、本体はまだまだ使えるのに、持ち手が修理できないために使えなくなってとても残念でした。

お弁当箱や水筒は、使っているうちにゴムのパッキンが劣化してきます。本体はまだ使えるのに、処分することになったらもったいない。

だから購入時には「もし壊れたら修理してもらえますか？」「部品だけでも購入できますか？」と確認しておくと安心できます。

不用になったフタをトレーに

オーバルボックス（P.93）は、フタをしないで使っています。不用になったフタは、デザインが美しいので、トレーとして活用しています。

本来の用途にこだわらず使い回す

何か欲しいものがあっても、すぐには買わず、一度立ち止まって「持っているもので代用できないか」を考えます。そうすると案外、買わずに済んでしまうことがあります。

あまり使わなくなってしまったものが、新しい用途で活躍する姿を見るとうれしくなります。無駄なゴミを増やさず、節約にもなります。

オーブンの網を園芸用に

オーブンでグリル料理をしないので、付属の網を使いません。ベランダの鉢の下に水はけのいい網を置きたいと思っていたので、使ってみたらピッタリ。

洗濯ネットのサイズを輪ゴムで調節

ちょうどいいサイズの洗濯ネットが足りないときは、寝具用の大きな洗濯ネットに入れて、輪ゴムで大きさを調節して使います。

出しっぱなしにできるデザインのものを選ぶ

よく使うものは、しまいこんでしまうと不便です。とくに掃除道具は、しまってあると出すのがおっくうで、掃除するのが嫌になってしまいます。

たとえば粘着クリーナーは、気づいたときにサッと手にとれると便利。私は、電話しながらクリーナーを動かして掃除することがよくあるので、常にソファーのそばに置いておきたいのです。だから、美しいデザインのものを選びました。

こういう日用品は、一度買ってしまうと、そんなにすぐに壊れるものではないので、なかなか買い替える機会はやってきません。好きなデザインとの出会いを大切にしたいと思います。

出しっぱなしにできる粘着クリーナー

中川政七商店で見つけて、ひと目ぼれ。真鍮の持ち手と革ベルトがとっても好みで、ブナの木材でつくられた収納ケースも可愛いです。

ダイソンのドライヤーも出しっぱなし

ドライヤーの待機電力はほんのわずかなので、使用頻度と利便性を考えて、コンセントに差しっぱなしにしています。このドライヤーは、機能だけでなくデザインも気に入って購入しました。

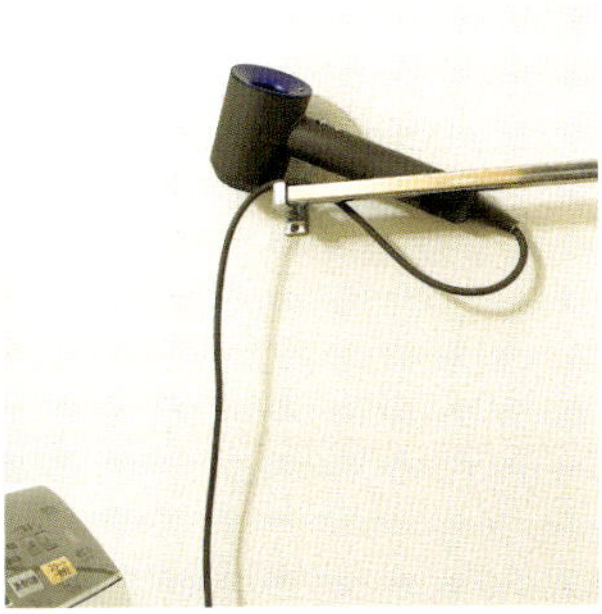

ものと気持ちよく別れるために

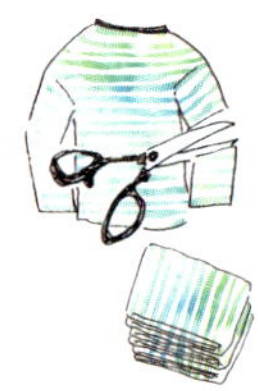

欲しいものを買ったはずなのに、「やっぱりこれはいらなかった」と後になって気がつく。そんな苦い経験を、何度もしています。

そのたびに、「失敗した経験を、自分の財産に変えよう」「見極める力をつけたい」と強く思い、ただの残念な経験で終わらせないために、自分なりの「買いものの基準」（P.49）について考えるようになりました。今でも失敗はあるけれど、昔よりはずいぶん減ったように思います。

また、ライフスタイルが変わって、ものが今の自分に合わなくなることもあります。以前私はオフロードのバイクに乗るのが大好きでしたが、一人目の子どもを妊娠したとき、思い切って手放す決心をしました。ちょうど、免許を取ったばかりの友人が欲しいと言って買い取ってくれました。

ものは使われてこそ、価値があります。もったいないのは、手放すことではなく、使わないままとっておくこと。ものが持っている価値を、最大限に生かせるような場所や使い方を考えていきたいと思います。

長年散々使いこんで、とうとう使えなくなってしまったものは、「役目を全うしてくれた」という思いで、気持ちよく手放せます。

何年も使って内釜の塗装がはがれ落ち、とうとう使えない状態に。サイズも小さく感じていたので、処分することに決めました。

思い出をポーチに整理

妊娠・出産関係の細々したものを、このポーチの中にひとまとめにしています。左が息子用、右が娘用。ストラップの裏側の布は、二人が小さい頃によく着ていた服の切れ端を使いました。

ポーチを開くとバインダー式の手帳になっていて、産前エコーの写真や記録、出産前後の日記や写真、検査の結果用紙などをとじ込んでいます。内側のポケットには、心音やエコーのDVD、産院のバンド、足型・手型など。外側のポケットには、へその緒、髪の毛、抜けた乳歯などを収納しています。

子どもたちが生まれた記録。自分が子どもを産んだ記録。ポーチの中には大切な愛おしい記録が、たくさんたくさん詰まっています。

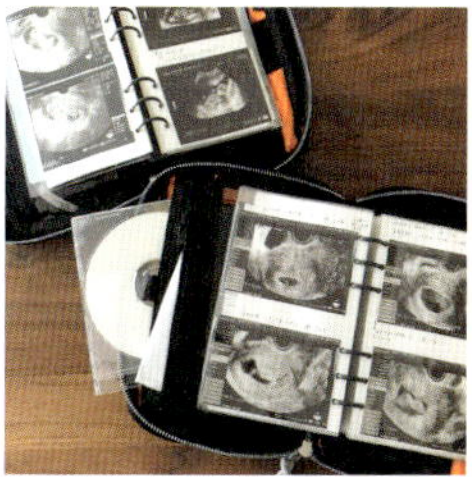

エコー写真は白紙のリフィルにのりで貼って、色あせないようにクリアポケットリフィルで1枚1枚覆っています。

このポーチ、ファスナーを閉じるとコンパクトなのに、見た目以上に収納力があります。

子どもたちの大好きなぬいぐるみをモチーフに、ブタさんとネコさんを刺しゅう。

妊娠～出産～産後のさまざまな記録や写真をとじ込んでいます。

一本のパンツを一年中着回し！

スカートも同様に着回せる

パンツをこのスカートに変えてもそのまま楽しめる４コーデです。

春夏

白い帽子と柄物のストールを合わせるのが好きです。足元はオーロラシューズでカジュアルに。

白か黒を取り入れると、コーデがまとまる

黒いレースのストールはどんなスタイルにも合うので重宝。ビーズバッグとパンプスを合わせて、きれいめのコーディネートに。

少ない洋服で自分らしい着こなしを楽しむ

私は正直、おしゃれに自信がありません。洋服を選ぶときは、次のことを基準にしています。

①着心地のいいもの（肌触り、素材）
②体型に合うもの
③お手入れしやすいもの（洗濯表示を確認）
④ベーシックなデザインのもの（ほかの服と組み合わせやすい、流行りがない）

上のパンツはこの４つの条件にぴったりで、すごく気に入っているものです。太すぎず細すぎず、動きやすい形。季節を選ばず着られます。

お気に入りの形のカットソーを色違いで購入して、順番に着ることも多いです。毎日同じようなコーディネートだけれど、色の組み合わせや、靴やストールなどの小物を変えて、自分なりの着こなしを楽しんでいます。

柄もの使いは
一カ所だけに

秋冬

ノースフェイスのフリースジャケットは温かくて着心地がいいので、家でも着ているほど。ニットの帽子とブーツを合わせるのが好き。

カーキのパンツはフードつきのパーカーとも相性◎。子どもたちと公園に行くとき、近所の買いものにもぴったり。

服はシンプルに、
小物をアクセントに

コーディネートは、バッグ・靴・帽子も合わせて全身で考えます。小物を変えると、同じ服でも違うイメージになります。

バッグ

重すぎない、大きめのバッグが好きです。なかには10年以上使っているものもあります。

ストール

色とりどりのストールを、防寒や紫外線対策に。ガーゼ生地は肌触りがよく、外出先で授乳ケープやお昼寝の肌掛けにもぴったり。

帽子

髪型がほとんどいつも同じなので、帽子で変化をつけます。日よけ対策のためにも。

冬はアウトドアウエアが大活躍

　冬のお出かけの強い味方は、アウトドアメーカーの防寒着です。さすがアウトドア用だけあって、機能的・実用的。アウターは、とても温かいのに蒸れにくく、軽くて動きやすくて、子どもにもぴったり。息子も娘も、家族みんなで愛用しています。

　セーターは、洗濯に手間がかかるので持っていません。その代わりに、アウターの下にフリース（P.59）を着ています。パンツの下にはレギンスを重ね履きして、ニット帽をかぶれば、寒さをしっかり防げます。

　スキー用に購入した手袋や、登山用に購入した靴下は、派手すぎないデザインを選んで、ふだん使いもしています。冬でも防寒対策をして、どんどん外に出かけたいと思います。

無敵の防寒スタイル

パタゴニアのダウンコートは、軽くて、丈や袖が長め、襟が高めでとても暖かいです。雨や雪の日はソレルのスノーブーツを履きます。

足を冷やさない厚手の靴下

モンベルの登山用ソックスをふだん履きに。やわらかくて履き心地がいいメリノウール製で、びっくりするぐらい温かいのに、蒸れません。

スキー手袋をふだん使いに

自転車に乗るとき頼りになるのが、ノースフェイスのグローブ。これがあれば、冷たい北風も、雨が降っても平気です。

有機栽培のスーピマ綿100%。軽く、薄く、強く、美しい。

ジュアナナオーガニックの肌着

カシミアのような肌触り。着る人の肌にも、作る人にも、環境にもやさしい。ジュアナナオーガニック(juana na organic)さんとのコラボ企画です。生成り（写真）と黒を愛用中。

人にも地球にもやさしい肌着を選ぶ

肌触りのいいものを追求していくうちに、オーガニックコットンに出会いました。肌だけでなく環境にも優しいことを知って、日常に取り入れたいと思ったのですが、オーガニックコットン100%の衣類は種類や色がとても少なく、日常的に着たいと思うものがなかなか見つかりませんでした。

そんなとき出会ったのが、「ジュアナナオーガニック」。なんと、私がデザインしたインナーを作ってくださることになりました。

子どもや孫やその先の地球の未来のために、私も、オーガニックコットンの普及にほんのささやかでも貢献できたらいいなと思っています。

パールのピアスは、つける向きによって、ひとつで２種類のデザインを楽しめます。

大切な
セイコーの腕時計

メンテナンスを繰り返しながら、おばあちゃんになっても身につけていたいです。

日常使いにこそ上質なものを

10代、20代のときは、〝それなり〟のものを次々と手に入れては、どんどん買い替えていました。けれど少しずつ、「長く愛せるものを身につけたい」という気持ちが強くなりました。

このセイコーの腕時計を購入したのは30歳のときです。初めて出会ったとき、「なんて素敵なんだろう」とものすごく魅かれましたが、私には贅沢すぎるかなと思い、あきらめました。その後、どうしても忘れられなくて、1年悩んだ末に、ようやく手に入れました。

それからは、時計屋さんをのぞいてあれこれ目移りすることもなくなりました。

毎日使うものこそ、妥協しないで、長く愛せる上質なものを選びたい。いつも身につけて、たくさんの時間を一緒に過ごしたいと思います。

ピアスはダイヤとパールの2組だけ

以前はピアスをいくつか持っていて、いろいろつけ替えて楽しんでいました。でも、今持っているのはこの2組だけ。流行に左右されないデザインで、丈夫なつくり、キャッチの外れにくいところが気に入っています。

歩きやすい靴を長く履き続けるために

靴の履き心地は、買って履いてみないとわかりません。だから、自分の足に合った歩きやすい靴を見つけたときは、気の合う友だちに出会えたみたいな気持ちになります。

ブーツが大好きで、秋冬に限らず一年中履いています。足首が隠れるので、靴下選びに悩まずにすむのも、好きな理由です。

傷や汚れが目立つときは、メンテナンスをします。オイルはラナパー、靴クリーム（黒）はコロンブスのものを使っています。ラナパーは、「汚れ落とし、ツヤ出し、撥水」がひとつでできるすぐれもの。

お手入れと修理を重ねて、自分の足に合う「運命の靴」を、ずっと長く履き続けたいと思います。

ラナパーというオイルでお手入れをすると、しっとりツヤツヤになります。

歩きやすいハイヒール

ダイアナのハイヒール。9センチヒールなのに歩きやすい。黒は二代目で、同じ型のベージュも持っています。

一年中履いている黒いブーツ

スカートにも合う、motoのブーツ。履けば履くほど足になじんで、愛着がわきます。

ペンシルホルダーで
最後まで使うよ

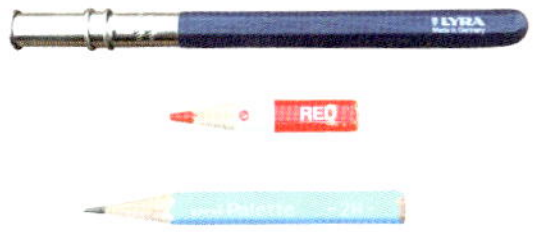

シンプルで壊れにくいペンケース

レザーのペンケース。シンプルなので壊れにくく、ファスナー式なので、落としても中身が飛び出しません。

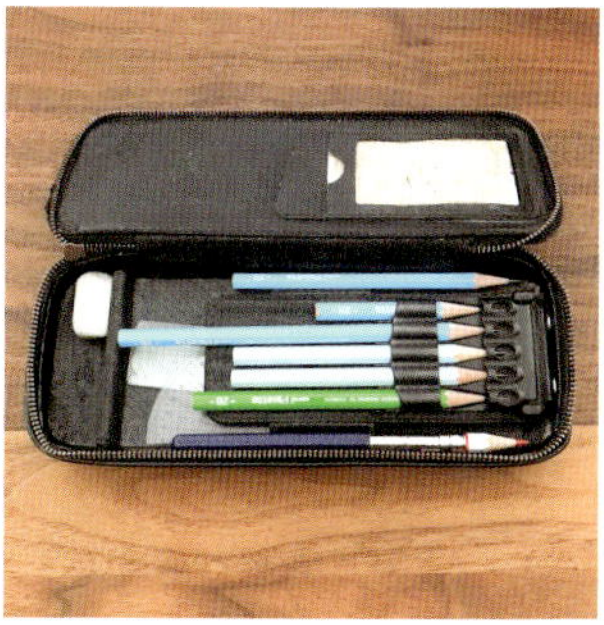

uniの鉛筆。無料の名入れサービスを利用して、記名する手間をカット。

長く使える子どもの文房具選び

私は小学校に入るとき、アニメのキャラクターがついたペンケースを買ってもらいました。親の反対を押し切って、自分でそれを選んだのに、高学年になったらすごく恥ずかしくなって、隠しながら使っていたのを覚えています。

だから、息子の小学校はキャラクターもの禁止ときいて、ホッとしました。これは、息子の小学校入学前に私がプレゼントしたペンケース。息子の希望でブラックを選びました。破れたり壊れたりしたことは一度もなく、6年生になった今でも使ってくれています。

鉛筆にはペンシルホルダーをつけて、最後まで無駄なく使い切っています。自分の道具に愛着を持って、これからも大切に使ってくれたらいいなと思います。

飽きずにずっと遊べる子どものおもちゃ

おもちゃを購入するときは、子どもが欲しがっているという理由以外にも、２つのことを考えます。

①長く遊べるか

②どこにどうやって収納するか

シンプルなゲームほど、子どもから大人まで楽しめます。オセロ、ジェンガ、立体四目は息子の友達に特に人気で、時には私も混ざって、夢中になって遊んでいます。

購入する前には、子どもが自分で片づけやすいような収納方法を考えます。付属の収納ケースが紙製の場合、出し入れしづらく、そのうちボロボロになってしまうので、あらかじめ木製などでしっかりしているものを選ぶか、別のケースを用意して、長く使えるようにします。

娘を連れて帰省したり病院などに出かけるときは、おもちゃや本を持参します。

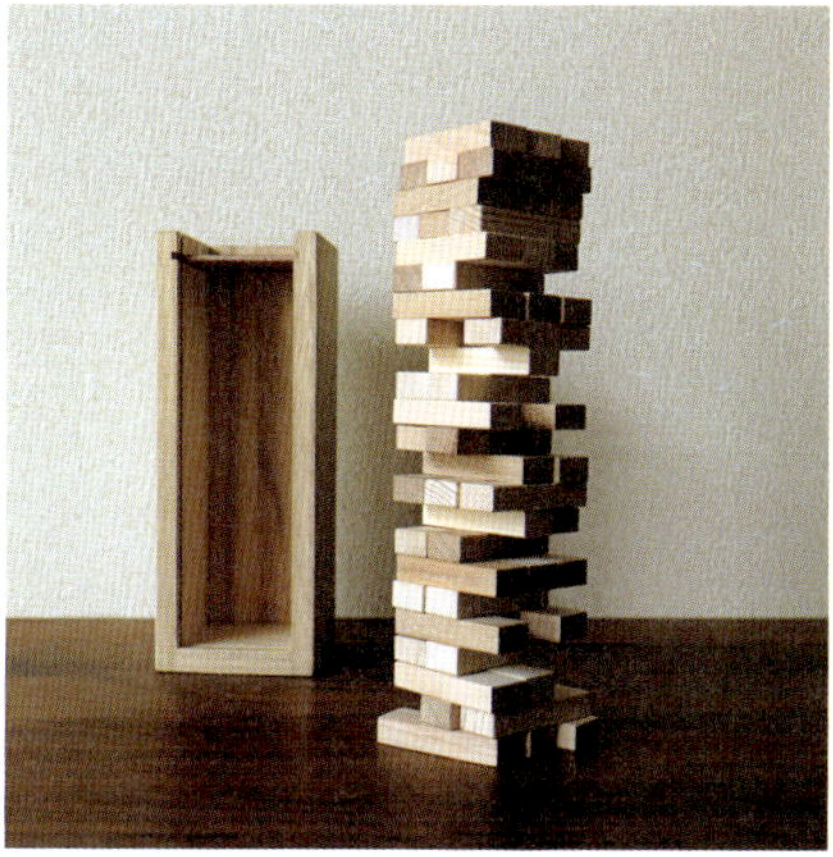

ジェンガ

ブロックを1本ずつ抜いて上に乗せていくゲーム。ドミノ倒しもできます。木製のケースが購入の決め手でした。

立体四目

収納がしやすい木製ケース入りのタイプを使っています。ゲーム中は このケースを持ち玉入れとして使えるので便利。

オセロ

誰でも簡単にできて、奥が深いゲーム。天然木材を使ったこのオセロは、使用後は石を並べたまま、盤を折りたたんでコンパクトにできます。

お絵かきボード

何度も描いたり消したりできる、娘がお気に入りのJIKKYのボード。薄くて本棚に立てて収納できるし、軽いのでお出かけにも便利。

古いものには魅力がある

古道具屋さんが好きで、ちょくちょくのぞいています。旅先でも、古道具屋さんを見つけたらつい入ってしまいます。わが家には、そんなお店で見つけた歴史の古い道具がいくつかあります。

古いものを急につくることはできません。古ければ古いほど、長持ちをしているということだから、一つひとつ丁寧に、頑丈に作られている証拠だと思います。

古い道具は通販で買うことはなく、実際に目で見て、手に取ってから購入します。欲しいものを探しても必ず手に入るわけじゃなく、「縁があって、出会う」ものだと思っています。「昔は、どんな家でどんな人と過ごしていたんだろう」と想像を巡らせるのも楽しい時間です。

シンガーのミシン

古道具屋さんで見つけて、ミシン屋さんに修理してもらった鋳物のミシン。重いし、古い型だけれど、構造がシンプルだから壊れても必ず直せるそうです。

アンティークのライトスタンド

まあるい形、グレージュの色、やさしい光がとても好みです。息子の勉強机で使っています。

イギリス製のシャンデリア

古道具屋さんで出会って、なぜかすごく魅かれたシンプルなシャンデリア。イギリス製でおよそ100年前のものだと教えてもらいました。

古いかご

とても頑丈な作り。上のかごは、山本商店（P.125）で購入。下は、京都の古道具屋さんで見つけました。

木箱

古道具屋さんで出会った木箱に、キャスターをつけました。ポータブルテレビなどを収納していますが、小さいテーブルとしても使えます。

木のおもちゃ

私が子どものときに使っていたおもちゃです。私、私のきょうだい、息子、娘と6人に引き継がれています。

Column

思春期の息子に
ごはんでエール

そろそろ思春期を迎える息子とは、言い争いをしてしまうこともしょっちゅうです。お互いにイライラしてモヤモヤして、解決しないまま疲労困憊。

だけどそんな日でも、私が作るごはんをきれいに残さず食べてくれたり、「おいしい」と言ってもらえると、ホッとして、うれしくて、大げさかもしれないけど、ちょっと涙が出そうになります。

お弁当の日は、おやつのバナナの皮に、爪楊枝でメッセージを書くのが、息子と私のちょっとした楽しみごとになっています。

「がんばれー」「おつかれさま」「ごめんね」「どうもありがとう」。

伝えたい気持ちを、ごはんの中にぎゅっと詰め込んで。

お腹がいっぱいになったころ、届くといいな。

第3章

効率のいい家事で、
時間と心にゆとりを

カーテンを開けて、ベランダの緑が目に飛び込んでくると癒されます。

〝朝時間〟をフル活用して家事の8割を終わらせる

一日を気持ちよく過ごすために、朝の時間を有効に使うことを心がけています。朝は体も元気で頭もスッキリしているし、子どもたちが寝ているので集中して動けます。

5時に起きてから娘を保育園に送っていくまでの間に、一日の家事の8割を終わらせることが理想。やることも、順番も決まっているので、迷うことはありません。

朝のうちに掃除や洗濯をすませておけば、夕方疲れて帰っても、気持ちに余裕をもって過ごすことができます。

夜は疲れて、子どもと一緒に早く寝てしまうことも多いです。でも、たっぷり眠ってエネルギーを充電できたら、朝はすっかり元気になって身体がよく動きます。

"私の朝家事" スケジュール

5:00

起床

布団の中でスマホをチェック（メールやSNS、今日の予定）。起きたら顔を洗って、水を飲みます。

お茶を沸かす

お茶をポットに入れておき、朝と夜に飲みます。やかんは持っていないので、鍋で沸かしています。

シンクの中なら
こぼしても OK

洗濯機スイッチオン

（P.81 参照）

トイレ・玄関の掃除

トイレはクエン酸水を便器にスプレーして、ブラシで掃除。その後、玄関のたたきをほうきで掃きます。

Point

掃除道具は使う場所の近くに

掃除道具は下駄箱の扉裏に吊るし収納。

植物の水やり

ベランダの植物に水やりをします。緑の美しさと、ローズマリーやラベンダーなどのいい香りに癒されて、気分よく。

5:40

朝ごはんの準備

圧力鍋で炊飯開始。その横でおかずを作ります。みそ汁の鍋は、前の晩に鍋の中で浸しておいた昆布と煮干しをざるごと引き上げてから、火にかけます（P.77）。

6:10

夕ごはんの下準備

夕ごはん用の魚や肉は、冷蔵庫に移して解凍しておきます。

Point

調理の合間にもこまめに掃除

コンロまわりや壁のタイル、冷蔵庫の中などの汚れは、時間がたつと落ちにくくなるので、調理の合間にこまめに拭き掃除。

＼ 朝ごはんを作りながら ／

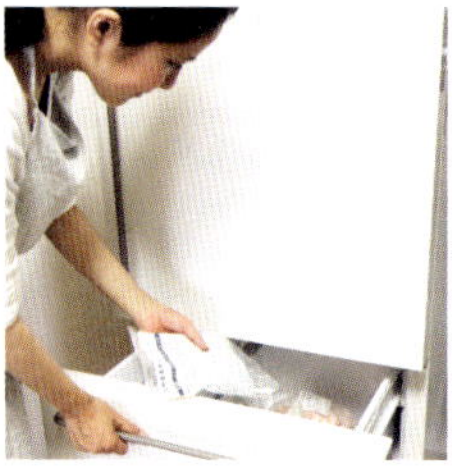

6:15

洗濯物を干す

冬は寒いし、夏は日に焼けるので、室内でピンチハンガーに吊るしてから、外に運びます（P.81参照）。

6:30

子ども起床

娘の体温を測ります。子ども二人でゴミ捨てに行ってもらいます。

朝ごはん

ワンプレートに盛りつけた朝ごはんを、子どもたちと一緒にいただきます。

＼ いただきまーす ／

7:30

後片づけ

食器類やまな板などの調理器具を食洗機に入れます。ワンプレート朝食だと、食器が少なくて後片づけも簡単。

＼ 食洗機におまかせ ／

キッチンをざっと掃除

シンクやガスコンロなどをざっとふきんで拭きます。その都度やれば、汚れがすぐ落ちて洗剤いらず。

台拭きと洗いものには、びわこふきんを使っています。

7:40

テーブルまわりを掃除

テーブル→椅子→床と高いところから順に拭き掃除をして、コードレス掃除機でざっと掃除機がけ。娘の椅子はベタベタが残らないよう念入りに拭きます。

Point

掃除道具は使う場所の近くに

冷蔵庫横に常にスタンバイ。

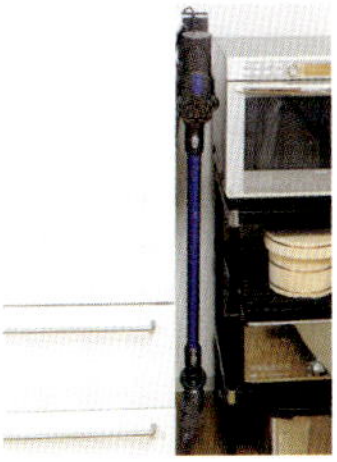

布団を室内干し

窓際の日当りのいい場所にハンガーラックを移動して、布団を干します。室内なので夕方まで出かけても大丈夫。

＼雨でも大丈夫！／

みんなで身支度

洋服の数が少ないので着る服はすぐ決まります。メイク時間もわずか5分（P.100参照）。子どもたちも歯磨きなどをします。保育園の連絡帳を記入。

8:10

娘と保育園に出発

息子と一緒に出発。電動自転車で娘を保育園に送っていきます。

＼行ってきまーす！／

「いつかやること」は今やってしまう

未来の自分が少しでもラクになるように、今できることは先にやっておくようにしています。

たとえば納豆を購入したら、ビニールはすぐに剥がしてバラバラにしてから冷蔵庫に入れておきます。包装されたままで収納すると、いざ使いたいときに、「取り出す」→「ビニールをはがす」→「残りを冷蔵庫に戻す」と3アクション。でも、最初にバラバラにしておけば、「取り出す」の1アクションで終わります。

もうひとつは、「ついでに」を意識しています。2枚入りの油揚げは、1枚使ったときに、残りのもう1枚も刻んでから袋に戻しておくと、次に使うとき切る手間がなくなります。小ネギも、まとめて全部一緒に切っておくと、ちょっと使いたいときに便利です。

一つひとつは小さなことだけれど、疲れているときや急いでいるときには負担に感じます。「先取り」を積み重ねることで、毎日の家事を効率的にできるといいな。その分、余った時間は楽しいことに使いたいと思います。

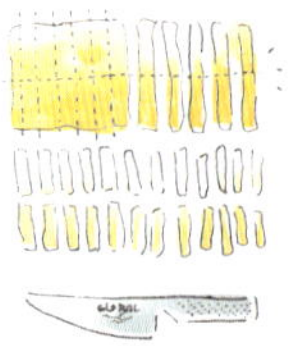

先取り家事で効率よく！

朝

夕食用にみそ汁を多めに作っておく

みそ汁は朝に一日分を作ります。夕方、具が減っていても、何か足すだけで、夕ごはん用のみそ汁のできあがり（P.25）。

夜

翌日のみそ汁の準備

水1ℓを入れた鍋にざるをセットして、煮干し10g、昆布10gを入れて冷蔵庫に保存。翌朝にざるごと引き上げて、コンロの上に。

買い物のあと

納豆は冷蔵庫に入れる前にバラバラに

納豆のパックは4つセットになっているので、外包装を剥がしてから冷蔵庫に。子どもが自分で出して食べるときにもラクです。

水のボトルは収納する前にラベルを剥がす

ペットボトルは、リサイクルに出す前にラベルを剥がさなくてはなりません。一気に全部剥がしてしまえば早いし、見た目もスッキリで一石二鳥。

なくなる前に

茶葉は一回分ずつ詰めておく

いつも飲むお茶は、大袋で購入し、ティーバッグに詰め替えて使います。お湯を沸かすたびに詰め替えるのは面倒なので、一回分ずつ茶葉を詰め、まとめて密閉容器に保存しておきます。

使ったついでに

小ネギは一気に切って保存容器に入れる

小ネギは使った残りも全部切って、保存容器に入れておくと、使いたいときにすぐ使えるので便利。ペーパータオルをたたんでのせ、逆さにして保存すれば長持ち。

残った油揚げは刻んで袋に戻す

2枚入りの油揚げを一枚だけ使うときには、ついでにもう一枚も刻んでから袋に戻して冷凍。次に使いたいときすぐに使えます。

家と道具が好きなら掃除は「楽しみ」になる

負担にならないやり方で、きれいをキープしたい。そのためには、道具選びも大切だと思います。

週末は、掃除機をかける前にハタキをかけます。ホコリがたまりがちな照明器具、エアコンや棚の上、ベッドやソファの下など、パタパタしながら家の中を1周。雑巾で拭くよりも簡単で、高いところもラクラク届きます。狭い家なので、所要時間は3分程度です。

その後、家族みんなで拭き掃除をします。「いつもありがとう」「これからもよろしくね」と、大好きな家や家具に感謝の気持ちを込めます。

愛用のほうきは職人さんの手作りで、使い心地がいいうえにサッサッという音も耳に心地よくて、とても気に入っています。

大切な掃除道具たち

一カ所だけパパッと掃除したいときや、家具の隙間などの掃除には、掃除機よりほうきが便利です。

小ぼうきは
隅っこの掃除に便利

左はKOHOROという雑貨屋さん(P.123)で見つけたもので、右は私が作ったもの。部屋の隅や畳の隙間、箱の隅っこの掃除にも便利。

松本羽毛商店の「パタプラス」というはたき。ホコリがたまりがちな照明器具も、短時間で簡単にお掃除できます。

ラク掃除の味方

コードレス掃除機

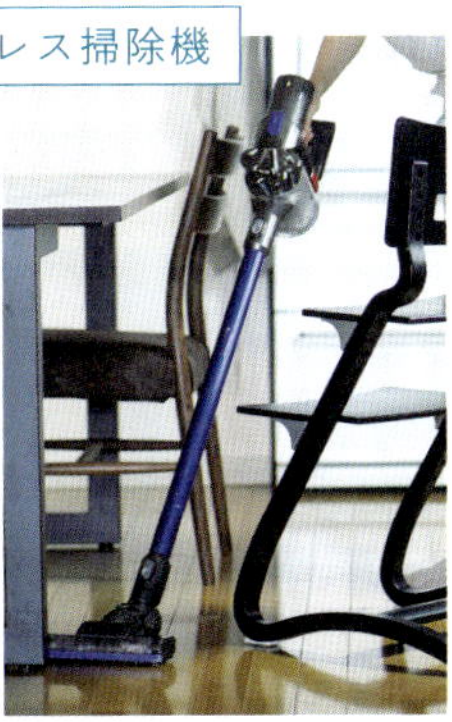

ウエス

（上）古くなった洋服をウエスにして、どんどん使います。（右上）掃除機はコードレスだと、出し入れがおっくうにならないので、汚れたらすぐ掃除できます。（左）洗剤は一種類のものを容器に詰め替えて、台所、浴室、トイレで使っています。

洗剤ひとつを使い回す

ベッドの下も
はたきでラクラク掃除

柄が長いので、掃除機が入りにくいベッドやソファの下、エアコンの上なども掃除しやすいです。

毎日の洗濯を時短に、ラクにする方法

洗濯のように毎日ルーティンでやる家事は、できるだけ短時間ですませたいと思っています。料理と違って、毎回違うことをするわけではないので、ラクにするためのしくみや習慣を一度つくってしまえば、考えずにササッとできます。

毎朝、竿に直接かけるタオル以外は、いったん室内でピンチハンガーに吊るしてからベランダに持って行きます。ベランダで干している間に、目を覚ました娘が私を探して泣いてしまうこともないし、暑さ寒さも気にならず快適です。

洗濯をラクにするには、素材選びもポイント。手洗いやアイロンがけが必要な洋服は、なるべく選ばないようにしています。厚手のタオルを使わなければ、生乾きのにおいで悩むこともありません。

ピンチハンガーやカゴなど、お気に入りの道具を見つけてから、洗濯がますます楽しくなりました。

洗濯をラクにするコツ

ガンコ汚れを落とす

洗剤液ごと洗濯機へIN

朝、洗濯物とつけ置きの水を一緒に洗濯機に投入。

汚れのひどいものはバケツに分けておき、前の晩から酸素系漂白剤を溶かしたお湯につけ置きしています。

ラクに早く乾かす

いったん室内で吊るしてから外へ

洗濯物は、室内で「ポールカケッタ」を使ってピンチハンガーに吊るし、一気に外に出します。暑さ寒さも気になりません。

取り込みやすさを考えて干す

息子のものは、息子が自分でたたむので、ピンチハンガーに小物を干すときに、ほかのものと分けて吊るします。取り込むときに、分別しやすくてラク。

すべりにくいハンガーは便利！

ハンガーは、服が滑り落ちにくい「マワハンガー」で統一。ぬれてもOKなので、洗濯にも収納にも使えます。

ピンチハンガーに逆さに吊るすと早く乾く

型崩れが気にならない服は、ピンチハンガーに逆さまに吊るすと乾きやすい。フードつきパーカーも早く乾きます。

短時間で片づける

取り込む際に
それぞれのかごに入れる

2つのかごを用意して、衣類をハンガーから外します。息子のものとそれ以外のものを別のカゴに入れます。

息子用

自分・娘用など

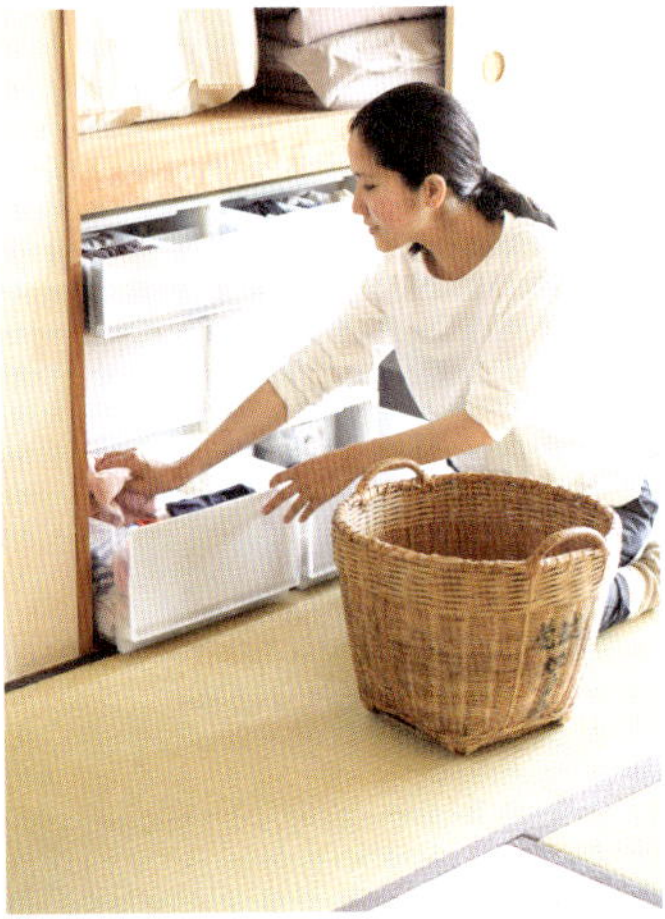

引き出しを全開にして
たたみながらしまう

たたむときは収納場所の近くにかごを持っていき、引き出しを全開にして、たたむそばからどんどんしまっていきます。

翌日保育園に持っていく
ものを分けておく

保育園用のお着替えをこのときに別にしておいて、後で保育園バッグの中身を入れ替えます。

息子用のかごは
息子の部屋に置いておく

かごごと息子の部屋に置いておき、夜、自分でたたんで収納してもらいます。3年くらい前からの習慣。

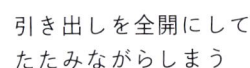

最後に使ったバッグをかごの上に置いておくと、中身の入れ替えが簡単。自転車の充電はあえて目立つ場所でして、出かけるとき持っていくのを忘れないようにしています。

よく使うバッグをかごに入れて玄関に

フタつきのかごならスッキリ見えるし、ホコリもつきません。バッグのほかに、電動自転車の充電器もここに収納しています。

抱っこひももも玄関に収納

お出かけのときにしか使わない抱っこひもは、玄関に収納。おむつが外れる前は、おむつの入ったポーチもここに置いていました。

お出かけがスムーズになる玄関の収納

さあ、出かけようと思って玄関で靴を履くとき、「この靴を履くのならバッグを選び直したいな」と思うことがよくあります。以前はバッグを和室の押し入れに収納していたので、もう一度部屋に戻ってバタバタしたり「戻るのが面倒だからどのバッグでもいっか」と、妥協したりしていました。

よく使うバッグを玄関のかごに収納するようになってからは、それがなくなりました。靴もバッグもその場で選んで、すぐに出発できます。ついでに、収納場所に困っていた電動自転車のバッテリー充電器も、このかごの中に。

収納する場所を変えただけで無駄な動きが減り、出かける準備がスムーズに。動線を考えることの大切さを改めて実感しました。

キッチンの収納は見やすく・使いやすく・安全に

キッチンが丸見えの間取りなので、いつもスッキリ見えるように心がけています。ものを見やすく、使いやすく、安全にするために、収納で工夫している点が４つあります。

①動線を意識する。……食洗機の下に食器を、コンロの下に油をしまうなど。

②同じものしか重ねない。……後ろのものを取るとき、手前や上にあるものをどかさなくてもいいように収納します。

③高い位置の収納はケースやかごなどを利用。……奥まで見えない、手が届きにくい位置のものも出し入れしやすく。

④奥行きのある場所は引き出し収納。……シンクの下などは、引き出し式の収納用品でスペースをめいっぱい活用しています。

調理が終わるたびに、外に物が出ていない状態にリセット。拭き掃除もラクなので、いつもピカピカに保てます。

軽いものは高い場所に収納

乾物や茶葉などは、キッチンの吊戸棚に収納しています。軽いので、高い場所にあっても出し入れがラクで、安全です。外からでも中身がわかるように、半透明の容器に入れています。

小麦粉や砂糖などの粉ものは、見分けやすく詰め替えやすいように袋のまま保存し、乾物は袋から出して保存。

奥行きのある場所は引き出し収納

シンク下の、奥行きのある場所も、引き出しケースを使えば奥まで空間を無駄なく使えます。中には、ハンドミキサーなどの調理器具を入れています。

手の届きにくい場所は、ケース収納

掃除に使うウエスやお菓子作りの道具も高いところに収納。高いところのものは、出し入れがラクになるように、かごやケースにまとめています。

100円グッズを活用して空間を有効利用

幅が狭くて奥行きが広い、使いづらいスペースを有効利用するために、100円グッズで収納棚を工夫しました。突っ張り棒を2本渡して、ハンギングバスケットを引っ掛けるだけ。

息子の部屋の押入れも使いやすく

押入れの中に棚を増やして、収納力アップ。パイン集成材の支柱４本（左右２本ずつ）と厚さ 18 ㎜の棚板を取りつけました。釘もネジも使わず板をはめ込むだけで、簡単に設置できました。

収納力を1・5倍にする方法

廊下の収納庫（左ページ）について、ふたつの小さなストレスを感じていました。「ボックスの中身を出し入れするとき、フタの開け閉めが面倒」「真ん中の空間がデッドスペースになっていて、もったいない」。そこで、収納庫の使い方を見直すことにしました。

ホームセンターで、パイン材の板と支柱を購入。その場で好きなサイズにカットしてもらいました。設置は、板をはめ込むだけなので簡単。

棚板を増やしたことで、上段と下段に新たな収納スペースができ、収納力が1・5倍にアップしました。ボックスのフタはすべて撤去。毎回開け閉めする手間がなくなったので、「取り出す」「しまう」の動作が早くてスムーズです。

Before

棚板を増やして収納力アップ

以前は棚板が少なくて、上下の空間に無駄が多かった収納庫。棚板を増やして収納が増えたので、今まで押入れに入れていた書類ファイルなどもここに収納できるようになり、取り出しやすくなりました。

After

箱のフタをすべて外したので、引き出すだけでサッと出し入れができます。

置くものの大きさによって、棚板の高さを変えられます。

子どもが片づけやすい収納のしくみを考える

今年、ライフオーガナイザー®の資格を取得しました。新しいたくさんの学びがあり、片づけに対する自分の意識が大きく変わりました。

それまで私は、息子が片づけが苦手なことで悩んでいました。一緒に指定席を決めてきれいに片づけても、すぐリバウンドしてしまうのです。

でもライフオーガナイズを学んだことで、息子が片づけられないのは、収納の方法が息子に合っていないのかもしれないと気づきました。片づけ方には正解も間違いもなくて、使いやすい収納も心地よい部屋も、快適な空間も理想とする暮らしもみんな、人それぞれ。そこで、あらためて息子に、どんな部屋でどんなふうに暮らしたいか、じっくり聞いてみました。私は「スッキリしまい込む収納」が好きだけれど、息子はスッキリした部屋を望んでいなくて、「見える収納」のほうが片づけやすかったのだとわかったのです。

それからは、壁に掛ける収納を工夫したり、棚をオープンにしたまま使うことにしたら、以前よりは徐々に片づけられるようになって、私が「片づけなさい！」と言う場面が減りました。現在も、息子と一緒にベストな収納方法を模索中です。

娘（2歳）の保育園グッズの収納

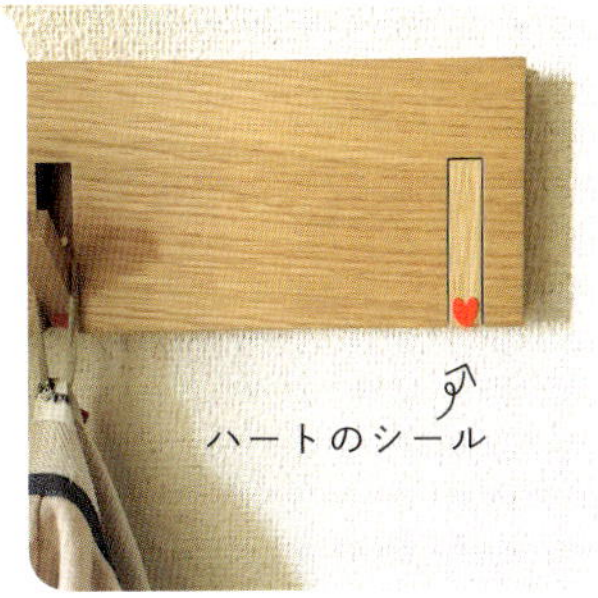

手の届く位置にフックを設置

歩き始めてから、自分で片づけができるよう、保育園グッズを廊下に吊るすことに。無印良品の壁につけられる家具を、身長に合わせて低い位置に設置しました。画びょうでつけられるのに、耐荷重は５キロあります。

フックの下の部分を押すと、フックがピョコンと出てくるしくみ。押す部分にハート型のシールを貼ったら、娘も上手にできるようになりました。

息子（12歳）の洋服の収納

スペースをつくってあげて、管理は本人に任せる

息子の部屋にもフックを設置したら、上着や帽子を床にポイと置くことが減りました。ワンアクションで掛けられる、この「目に見える収納」は、息子の性格に合っているようです。

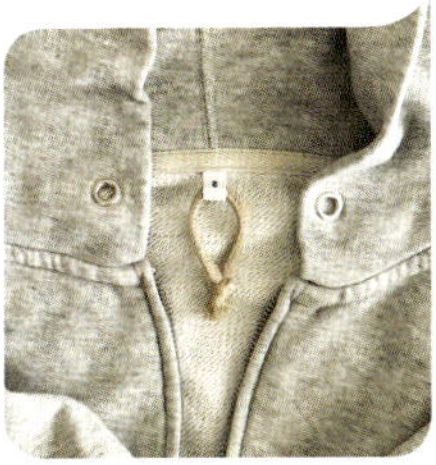

フックに引っ掛けやすいよう、上着のタグにヒモを通しました。

本棚にランドセルや洋服も収納

本棚に、本だけでなくランドセルや衣類も収納。ランドセルや本、衣類など、毎日使うものは全部この棚に。使いやすいよう、普段はすべての棚をオープンにしています。

おもちゃの収納

ふすまを外して
出し入れしやすく

「出す・遊ぶ・片づける」を、すべて同じ部屋で完結させたいので、和室の押入れに絵本とおもちゃをまとめて収納することに。木箱を使ってスペースをつくりました。子どもたちが出し入れしやすいよう、ふすまはここの部分だけ1枚外しています。

木箱を特注し、
使いやすいサイズに

マイスター・マトバ（P.125）に相談して、うちの押入れに合うサイズの木箱を特注しました。国産材のひのきの木箱は、美しくて頑丈。娘が座る椅子や踏み台としても使えます。

重さのあるレゴブロックは
持ち手のあるかごに収納

レゴブロックだけは、容量が大きいし、最近使用頻度が低いという理由で、息子の部屋に収納。なので、持ち手つきのかごに入れて、持ち運びやすくしています。

＼ この上で遊んで… ／

おもちゃを広げるスペースにもなり、収納袋にもなるプレイマット。レゴの片づけをするときすごくラクチン。

＼ 片づけはひもを引っぱるだけ！ ／

娘の絵本やおもちゃは、手の届きやすい低い場所に収納。逆に、娘にはまだ早いカードゲームなどは、上段の手の届きにくい箱の中に収納しています。

食洗機を活用して家事をラクにする

食洗機は、私の生活には欠かせないものです。うちのシンクは狭いのですが、メーカー専用の置台（別売）を使って設置しています。

以前、故障してしまったときに、食器や調理道具を全部手洗いしたのですが、後片づけの時間がいつもより伸びて（と言ってもたった10分ですが）、家事のペースが乱れてしまいました。毎日のことだから、積み重なると大きなストレスになります。便利な家電に頼ることで時間や心に余裕ができ、手荒れやストレスもなく家事を楽しめます。

食洗機には、食器だけでなくまな板や小さい鍋、キッチンツールなども入れます。ざるの網目の汚れもきれいに。あっという間に後片づけができて、ほかの家事に移れます。

同じ形の食器は食洗機にも入れやすいです。漆塗りの木製椀も、食洗機で洗えるものを選びました。

食洗機に入れやすい道具を使う

まな板は、食洗機に入るサイズを選びました。排水口バスケットは２つ持っていて、サッと手洗いしてから食洗機に入れます。

食洗機用の洗剤は、「緑の魔女」。環境や手肌にやさしい成分で、排水口のパイプクリーナーとしての効果もあります。

「やりかけのものボックス」があると
サッと家事に移れる

私は、自分用のデスクを持っていません。事務仕事をしたりパソコンを使うときは、ダイニングテーブルか座卓です。だから、筆記用具や事務用品などを、すべてオーバルボックスの中にまとめて入れています。ボックスは普段は廊下の棚（P.87）に収納していて、使いたいときに使いたい場所へ持ち運びます。

作業の途中で中断する場合は、書類も入れたまま廊下の棚に保管します。返事の必要な手紙や、確定申告などの書類、父母会の仕事の書類など。出しっぱなしだと、じゃまになってしまうし、子どもが遊んでしまうかもしれません。しまう場所を決めておけば、破れたりなくなる心配もなく、時間ができたとき、またすぐに続きの作業に戻れます。

財布の中身もスッキリ

必要なものはスマホのアプリに移行し、あまり使わないものは処分。カードが減ったので、常に財布の中を整理する必要もなくなりました。

カードを減らして暮らしを快適に

スマホを使い始めてから、カード類をたくさん手放しました。お財布がスッキリ軽くなったうえに、たくさんのメリットがあって快適です。たとえば交通系のICカードをモバイルに切り替えたら、①改札でカードを出す手間がない、②家や電車の中でチャージできる、③財布を出さずに買い物できる、などがとくに便利。

お店のポイントカードもアプリに切り替えたら、①「買い物したいときに持っていない」という失敗がない、②ポイント残高や有効期限をいつでも確認できる、③年会費が割安または無料になる（店による）などのメリットがあります。

クレジットカードも整理し、還元率が高く、たまったポイントを支払いに回せるカードをメインカードに。家計管理がラクになりました。

ポイントカード

↓

各お店のアプリ

ICカード

↓

Apple Pay

モバイルアプリを
活用すれば便利でおトク

お店によっては年会費が安く（または無料に）なったり、ポイントがたまったり。買い物に行く前に店舗の在庫確認もできます。

読書は電子書籍なら
場所をとらない

夜寝る前や、電車に乗っているときに読書を楽しみます。電子書籍なら本の収納場所が必要ないので、好きなだけ読めます。

- 光熱費
- 携帯代
- 保険料
- 宅配食品料
- 通販の支払い
- 日用品費
- ICカードのチャージ

月々の支払いは
ひとつのカードにまとめる

還元率のできるだけ高いカードを選び、ふだんの買い物や公共料金の支払いなどは、すべてこれを使うことにしました。ポイントがたまると、そのまま支払いに使えるのが気に入っています。

プリントをデータ化して かさばる紙類を減らす

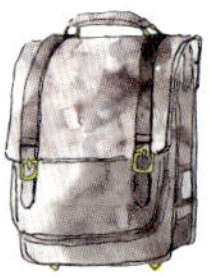

息子の小学校でも、娘の保育園でも、プリント類がたくさん配布されます。プリントは、まず次の3つに分類して処理します。

①読んだら処分するもの→資源ごみへ
②書いて提出するもの→すぐ書いてランドセルや保育園バッグに
③保管しておくもの→スマホのアプリに保存

③に使うアプリは、ライフベア（P.98）とエバーノートです。ライフベアは、スケジュール管理のアプリ。遠足や合宿など、スケジュールとリンクさせたいプリントを保存します。

エバーノートは、情報管理のアプリ。クラス名簿など、長期保存したいプリントを保存するのに便利です。それ以外にも、料理のレシピや記録、仕事に関する情報やもらった名刺、生協や病児保育などの会員ナンバー、HPのログインパスワードなど、いろいろなものを保存しています。

2つのアプリでプリント類を管理するようにしたら、かさばらないし、紛失しないし、外出先でも読めて便利&快適になりました。

書類はもらったら すぐに処理

書類はもらったら上の方法で分類し、保管の不要なものや、データ化したものは処分します。部屋がスッキリするし、整理・収納にかける時間も減らせます。

書類のスマホ保存

Evernote《エバーノート》で
書類を切り取り保存

スマホのアプリ、Evernote の文書撮影モードを使用。斜めになっていてもまっすぐに補正してくれます。拡大しても鮮明に見えるし、処理速度が速いので、たくさんの書類を連続撮影して一気に保存も可能（Scannable というアプリなら PDF でも保存可能）。

＼ 写メを撮ると ／

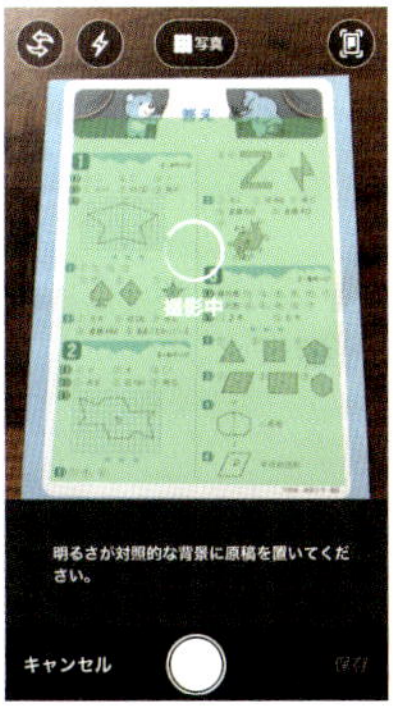

→

＼ 余白は自動でカット ／

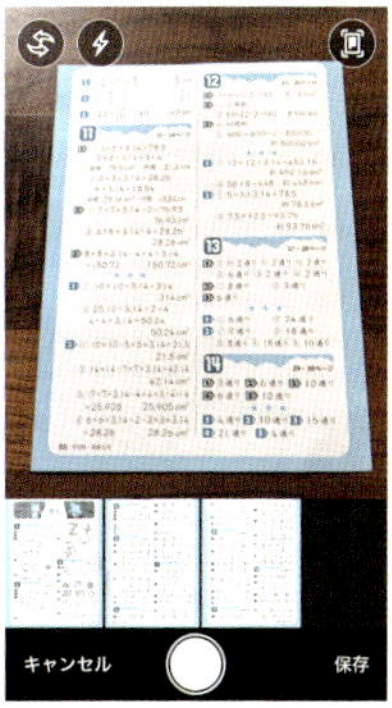

↓

撮影した書類は
分類して保存

スキャンした書類はをノートブックに保存します。私は右のように６つのフォルダーをつくり、ノートブックを振り分けています。

フォルダーごとに分類

Evernote では、メモ、写真、音声、手描きスケッチなど、さまざまな情報を管理できます。

↓

キーワードで
文面検索できる

Evernote に保存した書類を探したいときは、「保護者会」や「プール」など、メモや画像に含まれる文字列で検索できるから、すぐ見つかります。

＼ キーワードで ／

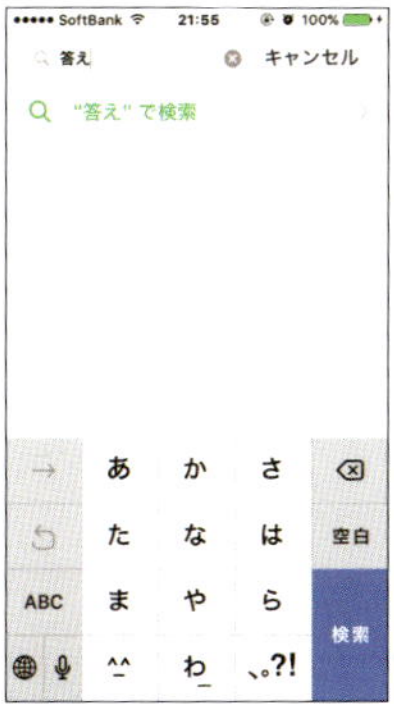

→

＼ 見たい書類が見つかる ／

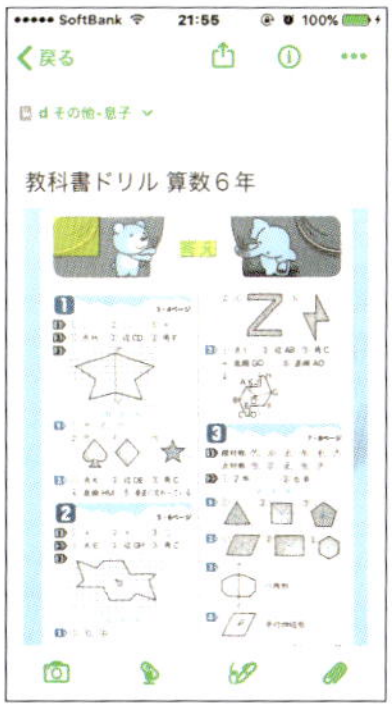

スマホを使って スケジュールと情報を管理

以前から、スケジュール管理をスマホでできたら便利そうだなあと思っていました。いくつかのアプリを試していて出会ったのが、ライフベアです。とくに便利で気に入っているのは、書類や写真をスケジュールの中に貼りつけられる機能です。

たとえば子どもの遠足についてのプリントをもらったら、スマホのカメラで撮影して、予定の日に貼りつけておきます。詳細を手帳にメモする手間も省けるし、書類を見たいときに焦って探したり、なくすこともなく安心。おっちょこちょいな私にはありがたい機能です。

ほかにも便利な機能はいろいろあります。TODOリストをスケジュールに書き込めるので、用事をつい後回しにすることも減りました。

スケジュール管理 → スマホ

予定が入ったり、TODOを思いついたら、移動中でも料理中でも、布団の中でもパパッと入力。

考えの整理 → 手帳

考えごとをするときや打ち合わせのときなどは、紙の手帳を使用。

Lifebear《ライフベア》の活用

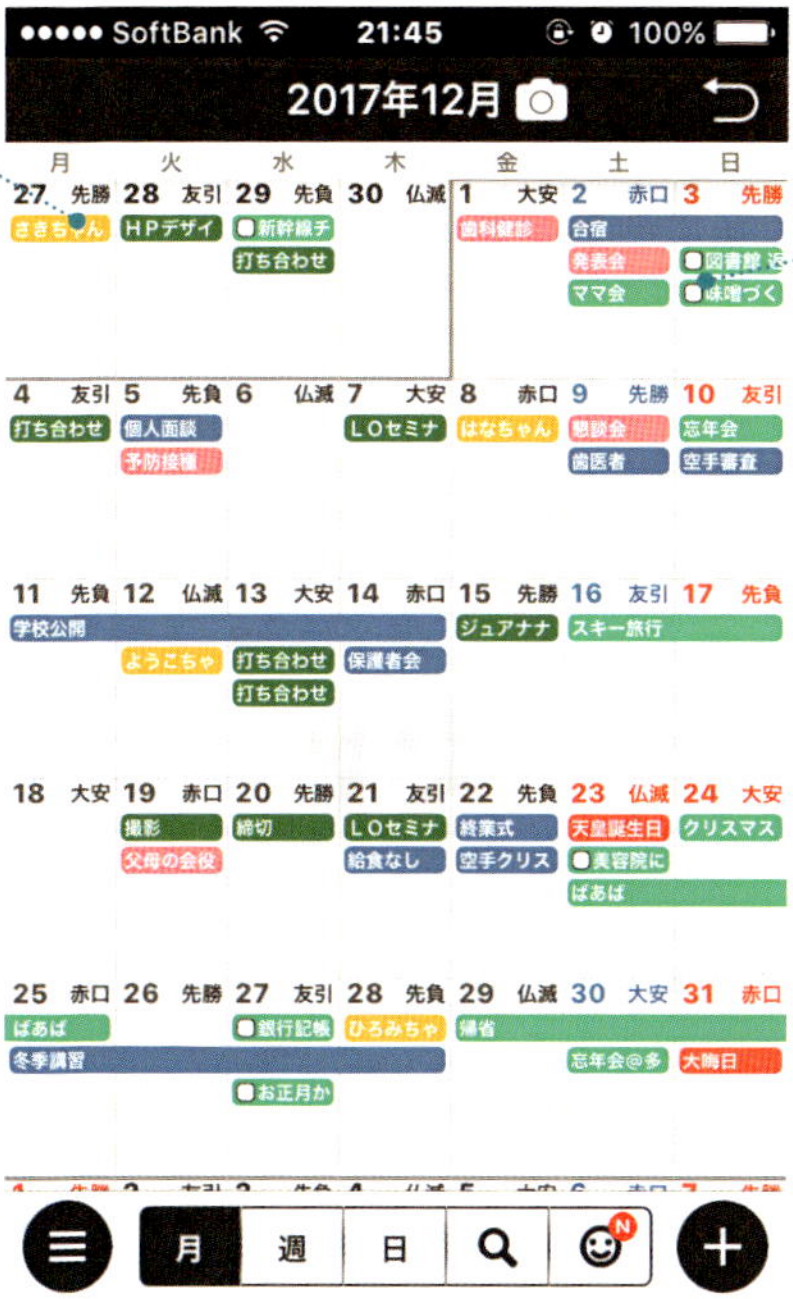

家族の予定を色別にしておく

プライベート、仕事、息子、娘の予定を一目で見分けられるよう、色分け表示にしています。ほかにも、カレンダーを月曜始まりにするなど、自分好みにカスタマイズできるのが便利。

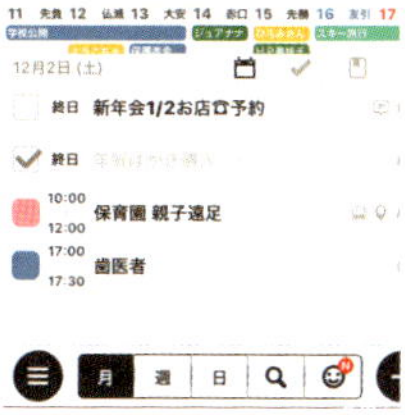

やるべきことはTODOリストで管理

TODOリストを、スケジュールの中に書きこみ、終わった用事は横線で消します。終わっていないタスクはインボックスに一括表示されるので、うっかり忘れる心配もなし。

地図やプリントを貼りつけて予定表とリンク

カメラで撮影した書類を、Lifebearの予定表に貼りつけることができます。たとえば保育園の親子遠足のプリントなどを添付しておけば、当日の集合時間や地図などをパッと見られます。メールでやり取りした予定は、スクリーンショットを貼りつけています。

紙の手帳の活用

メモを取ったり、アイデアを書き留める

Evernote（P.97）にもメモ機能がありますが、セミナーや講演会の席ではスマホを使いにくいので、紙の手帳にメモ。ほかにも、ブログに書く内容を考えたり、将来やりたいことを考えるときなどは、ペンを動かすほうが、頭の中が整理できる気がします。

チーク、プレストパウダー、口紅は「エトヴォス」、コンシーラーは「24hコスメ」、アイシャドウは「アクア・アクア」、ポイントアイラインは「シュウ・ウエムラ」、マスカラは「クリニーク」、ブラシは「晃祐堂」。

5分で終わる メイクの道具

コンシーラーをつけて、パウダーとチークを同じ筆で使い、アイシャドウ、アイブロウ（アイシャドウと兼用）を。ポイントアイライン、マスカラ、口紅で終了。

子どもと一緒に使える 日焼け止め

子どもも一緒に使っている「ヴェルダ」の日焼け止めクリーム。夏はメイクの下地としても使います。すべて天然由来成分で作られているので、使用期限は短め（3～4カ月）。

スキンケアもメイクも シンプルに

肌に負担の少ないコスメを選んで、健康的な素肌を目指したいと考えています。今は、洗顔後のスキンケアは、夏も冬も化粧水ひとつだけ。以前、乳液・クリーム・オイルなどを使っていたときよりも肌が強くなって、トラブルもありません。洗面台がスッキリしたし、お金や時間や手間をかけなくても肌の潤いを保つことができるなんてうれしいです。

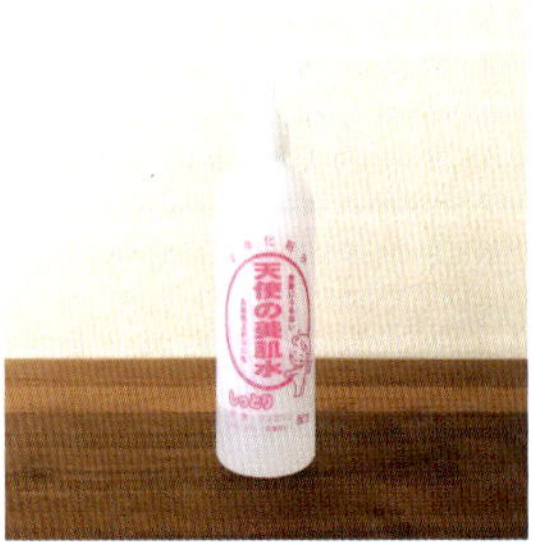

洗顔後のケアはこれ一つ

「天使の美肌水」の成分は水・グリセリン・尿素のみと、とてもシンプル。肌本来の強さを引き出してくれます。無印良品のスプレーヘッドをボトル本体に取りつけて、お風呂上がりには、顔だけでなく首や身体にもたっぷり惜しみなくスプレーしています。

ヘアケアにかける時間を短く

私のヘアケアはとっても簡単です。シャンプーはコンディショナーのいらないものを選んでいます。シャンプー後は椿油を髪全体につけて、つげ櫛で整えるだけ。最近、新たにドライヤーを買い替えて、さらにヘアケアの時間が短くなりました。

「質が良く、自分に合うもの」を選ぶことで、自然な髪をキープしていきたいです。

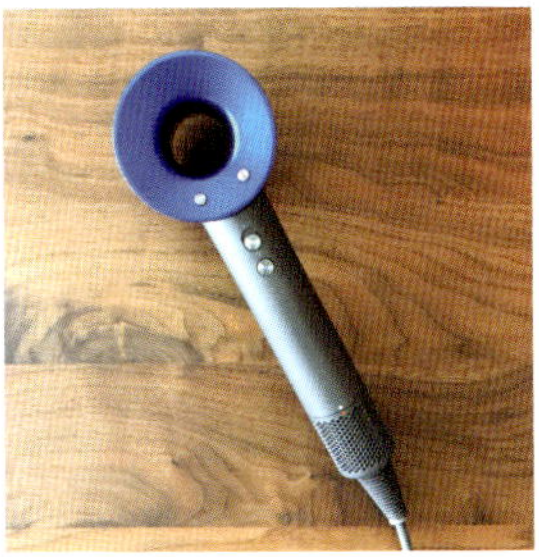

ドライヤーを変えたら乾かす時間が3分の1に

風力が強いので、15分以上かけていたのが、たった5分で完全に乾くように。髪にやさしい最適な温度をキープしてくれるので、しっとりと仕上がるところもお気に入り。

お風呂上がりのケア道具

「利島の椿油」は農薬不使用。「十三やのつげ櫛」（荒歯）は静電気が起きないので、髪が傷まず、毛先がいつも切りたてのよう。

ひとつにまとめるだけのシンプルなスタイルがラク

いつも後ろでひとつにまとめるヘアスタイルなので、朝の忙しいときも時間がかかりません。髪の毛の量が多いので、このスタイルが一番早くまとめられて簡単です。

Column

疲れたときは
ちょっと家事の手を抜いて

　体調が悪いとき、仕事でクタクタなとき、心が重たいとき……。「今日はもう、がんばれないや」と思ったら、私はとことん手を抜くようにしています。

　無理に頑張っても、きっとはかどらないと思うし、自分が機嫌よくいられなくなってしまうからです。

　夕ごはんは外食を利用したり、ときにはテイクアウトやレトルトも利用します。外食は、待っている間も子どもと一緒に座ってゆっくりできて、新しい味の発見があったり、後片づけもお願いできちゃう。

　家に帰ったら、家事はひとつもやらないまま、お風呂に入ったらすぐに布団へ。子どもより早く寝入ってしまうこともあります。しっかり眠った次の日は、心も身体も復活できて、太陽の光を浴びたら「よーし、がんばるぞ」と、パワーが湧いてきます。

第 4 章
簡単手作りで、
暮らしを豊かにする

ゆっくり時間をかけて作る保存食の楽しみ

毎年、夏を迎える前に、さっぱりおいしく食べられる保存食を作ります。梅、らっきょう、新しょうが。旬の香りと栄養を瓶の中に閉じ込めて、ゆっくり時間をかけて完成を待ちます。できた保存食はいろいろな料理やお菓子づくりにも使えて、楽しみがずっと続きます。

梅干し作りは、瓶を使うと中の様子がよく見えるので安心です。仕込んだ後の数日間は、梅酢がちゃんと上がってくれるか、ドキドキしながら毎日観察しています。

瓶で仕込む場合は、水袋の重石が使いやすいと思います。同じ方法をらっきょう漬けでもやってみたら、匂いがほとんど漏れないので助かりました。昔から伝わる保存食の力で、暑い季節を元気に乗りきりたいです。

下準備の「へた取り」を、子どもたちに手伝ってもらいました。

失敗なくできて食べやすい

さしす梅干し

材料

熟した梅 1 kg、氷砂糖 300 g、粗塩 100 g、酢 700 mℓ

作り方

①

消毒した瓶に材料を入れて、梅干しの①と同様に水の重石をして、アルコールスプレーを吹きかけてからフタを閉める。梅雨が明けるまでこのまま待つ。

②

梅のエキスが出て、液体は琥珀色に。

③

水袋の重石を取り出し、梅干しと同じようにざるに並べて3日間干す。

＼できあがり！／

すっぱすぎないので、子どもたちも大好きです。

瓶で作るから中がよく見える

梅干し

材料

熟した梅 1.5 kg、粗塩 270 g（梅の 18%）

作り方

①

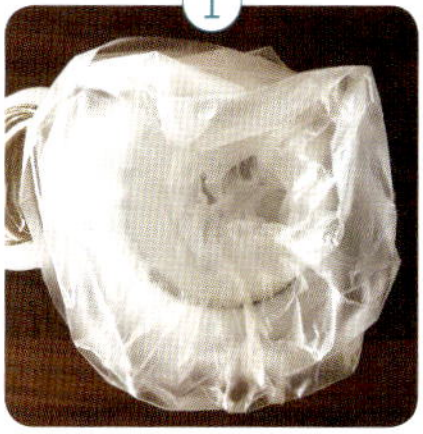

熟した梅と塩を消毒した瓶（4 ℓ のもの）に入れ、瓶の口にビニール袋を三重にして広げ、水（約 1.8 ℓ）を注いで重石代わりにし、しっかり縛る。

②

アルコールスプレーを吹きかけてからフタを閉める。瓶だと、少しずつ梅酢が上がってくるのが見える。梅雨が明けるまでこのまま待つ。

③

梅をざるに並べて3日間土用干しする。シソを使わなくても、日に干すとほんのり赤く色づく。

しっとりタイプが好みなので、ひと粒ずつ②の梅酢に浸してから、瓶に入れて保存しました（常温保存可能）。

時間がたつほどまろやかに

らっきょうの塩漬け

作り方

① 漬け汁をつくる。塩、りんご酢、水を鍋に入れて火にかけ、塩が溶けたら火を止めて赤とうがらしを加える。

② らっきょうの水分を拭いてから、消毒した瓶に入れ、漬け汁が冷めてから注ぎ入れる。常温で１カ月くらい寝かせる。塩抜きしてから食べる。

材料

らっきょう（下処理済み）800ｇ、赤とうがらし１本、粗塩 80ｇ（らっきょうの10％）、りんご酢 160 mℓ（らっきょうの20％）、水 800 mℓ（らっきょうと同量）

塩漬けを省いてもおいしい

らっきょうの甘酢漬け

材料

らっきょう（下処理済み）800ｇ、赤とうがらし２本、粗塩 60ｇ、りんご酢 360 mℓ、みりん 180 mℓ、ハチミツ 120ｇ

作り方

①赤とうがらし以外の調味料を鍋に入れて火にかけ、塩とハチミツが溶けたら火を止めて、赤とうがらしを加える。

②らっきょうを拭いて消毒した瓶に入れ、①の漬け汁が冷めてから瓶に注ぐ。

③水袋で重石をして（P.105 参照）、フタを閉める。常温で１カ月くらい寝かせる。

飲んでも食べておいしい

新しょうがのはちみつ漬け

作り方

はちみつ400gに、薄くスライスした新しょうが200gを漬け込む。冷蔵庫で保存を。

炭酸水で割って自家製のジンジャーエールに。水やお湯で割ってもおいしい。

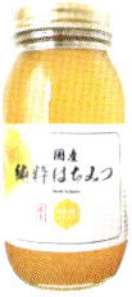

使いかけのはちみつの瓶（1kg）を使って漬けました。

さしす液（P.105）に漬けるだけ

新しょうがのさしす漬け

作り方

さしす梅干し（P.105）を漬け込んでいた液（梅酢）200㎖に、薄くスライスした新しょうが100gを漬け込む。冷蔵庫で保存を。

千切りにして焼うどんや、丼物などに添えると、さっぱりとしておいしいです。

簡単にできる自家製の豆乳

普段はお店で購入している豆乳を、小学生の息子の夏休みの自由研究で、一緒に作ってみました。材料は、乾燥大豆と水だけです。作り方は、図書館で本を借りて調べました。

家で作ったできたての豆乳は、あたたかくてやさしい味。息子は、今まで飲んだ豆乳の中でいちばんおいしいと言っていました。

その後、豆乳づくりでできたおからを使って、おやつに「おからもち」(P.42)も作りました。

豆乳もおからも大豆から作ったのは初めてで、貴重な経験でした。息子は「食」について興味があるようなので、これからも経験できる機会をたくさんつくっていきたいなと思います。

さらしでこして、豆乳のできあがり。息子にはさらしをしぼるのが難しかったようで、苦戦していました。

自然の甘みがやさしい

豆乳

材料

乾燥大豆 100 g

作り方

①

大豆をたっぷりの水に浸し、常温で置いておく。時間の目安は、夏場なら 8 ～ 10 時間、冬場なら 18 ～ 20 時間。

右のように
ぷっくりと
膨らみます。

②

ざるに移して水を切り、フードプロセッサーに膨らんだ大豆と同量の水を入れて、スイッチオン。

フワフワに
なった状態を
「呉」と呼ぶそう

③

鍋に水（400 mℓ）を入れ、沸騰させてから呉を入れる。焦げないようにかき混ぜながら、弱火で 10 分煮る。

④

ボウルの上にざるをのせてさらしを敷き、③をお玉ですくって全部入れてから、さらしを絞る。

⑤

さらしの上に、おからが完成。

⑥

ボウルの中に、豆乳も完成。冷蔵庫で保存する。

＼できあがり！／

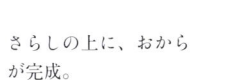

手ぬぐいで簡単に作れる子どもの服と小物

手ぬぐいを使って、娘の服や保育園のお着替え袋（リュック）を作りました。手ぬぐいは端の処理がいらないので、縫う手間が少なく、短時間で作ることができます。

生地を裁つところから完成まで、シャツとズボンならそれぞれ30分、リュックは1～2時間程度です。服作りは型紙が面倒なイメージだったけれど、型紙どころか線も描かないで、大雑把にチョキチョキ切って作っても大丈夫でした。

手ぬぐいにはいろいろな柄があるので、選ぶのも楽しみ。娘と一緒にお店で可愛い模様を探します。お気に入りの柄で作ると大喜びで、家でも保育園でもそればかり着ています。

肌触りが良くて、汗を吸ってくれて、洗濯してもすぐに乾くのもいいなと思います。

この洋服も、手ぬぐいで作れます。（作り方はP.112を参照）。

使い勝手がよく、簡単に作れるので、ひとまわり大きいサイズも追加で作りました。

手ぬぐいのリュック

①

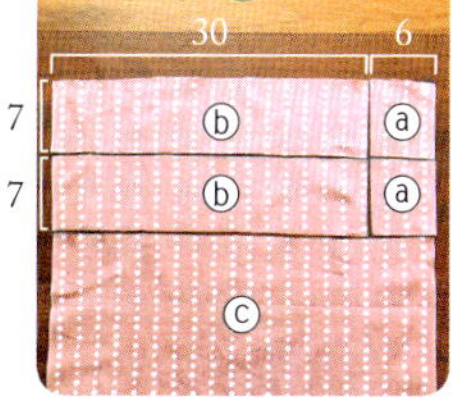

手ぬぐいを洗って乾かし（水通し後のサイズは100×36cm）、手ぬぐいをカットする。

ⓐ（ループ）
7×6cm …2枚

ⓑ（持ち手）
7×30cm …2枚

ⓒ（本体）
86×36cm …1枚

②

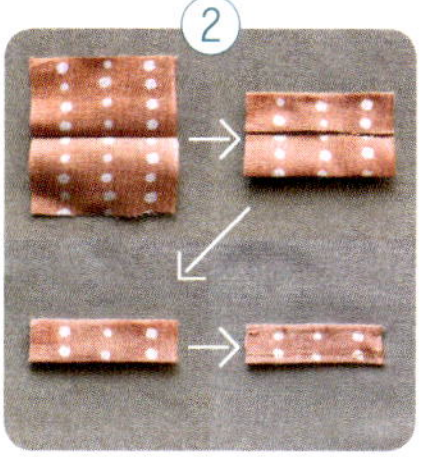

ⓐ、ⓑを、表を外側にして、写真のように折りたたんでアイロンをかけ、両端を縫ってループにする。

③

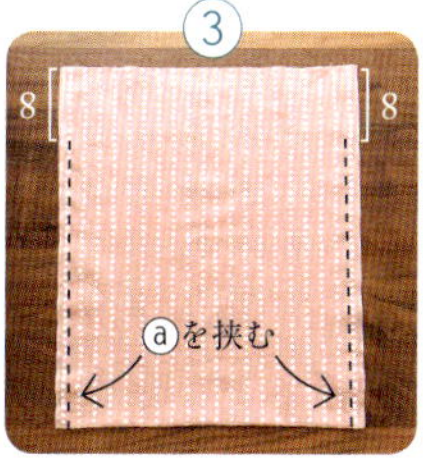

ⓒを、中表に二つ折りにして、袋になるように両端4～5㎜のところを縫う。縫い始めは、上から8㎝下。下から4㎝のところに、ⓐを輪になるよう挟み込んで縫う。

ⓐ（ループ）の端が、袋の端にそろうように縫う。

④

縫いしろを割り、アイロンをしっかりと当てる。

⑤

底は三角に折ってアイロンをかけてから、マチを縫う。

表に返すとこのようになる。

⑥

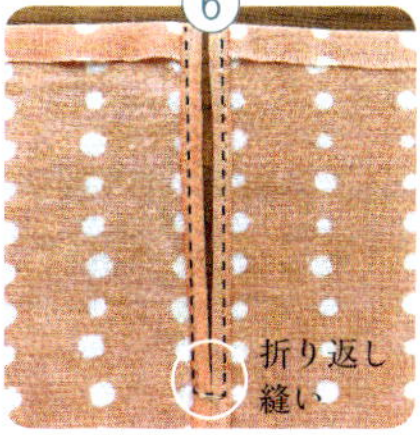

袋口と脇を内側に折り、ひも通し口を、コの字にステッチする。上8cmあけた縫い止まりの下は、返し縫いをすると安心。

⑦

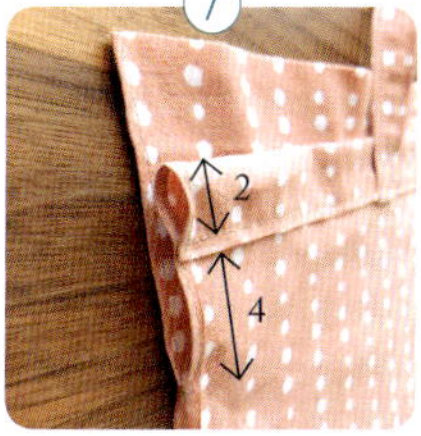

袋口を三つ折りにしてアイロンをかけ、ⓑ(持ち手）を折り込んで、写真のように下辺を縫う。

⑧

縫ったところはこんなふう。持ち手が挟まれている。

⑨

表に返して、袋口とループにひもを通したら完成。

手ぬぐいの服

※手ぬぐいは一度水通しする。
(　)内は洗う前のサイズ。写真内の数字はcm。
できあがりサイズ…
シャツ：丈 40 cm、ズボン：丈 33.5 cm

ズボン

①

手ぬぐい（35×90 cm）を半分に切って中表に重ねて、それから写真のように裁断する。左の7 cm幅の布は、シャツの襟に使う。

②

中表のままで股上を縫う（左右カーブのところ）。お尻側（カーブの深いほう）はゴム通し用に上を 1.5 cmあけておく。

③

縫ったところを開いて横に倒し、もう一度縫っておくと破れにくい。

表から見たところ。

④

股下を縫う。股上と同じように、ここも二重に縫っておくと安心。

⑤

ウエストを内側に2 cm折って縫う（三つ折りにはしない）。ゴムを通したら完成。

シャツ

①

手ぬぐい（34×90 cm）の真ん中を切り抜く。左のように四つ折りにすると切りやすい。

子どもの頭が入る大きさに調整。

②

ズボンの①の部分（長細い布）の2枚(7 cm幅)の端を縫ってつなげる。

③

シャツの首まわりのところに裏側から②を縫いつけて襟にする。

このように縫い合わせる。

④

襟を折り返し、端を三つ折りにして、表側から縫いとめる。

つなぎ目がゴムの入り口になる。

⑤

袖口をあけて両脇も縫い、裾を内側に三つ折りにして縫う。襟にゴム（帽子用）を通したら完成。

アレンジ

長ズボンにする

手ぬぐいを半分に切ってから、右写真のように裁断する。裾とウエストは三つ折りにして縫う。裾にゴムを入れてもよい。

襟も同じ布にする

大きめの手ぬぐい（37×98㎝）を使う。前後の模様の方向を同じにしたい場合は、手ぬぐいを半分に切って方向を合わせてから裁断し、肩を縫い合わせる。下7㎝を切って襟に使う。

左が息子用、右が娘用の帽子です。

太い毛糸で簡単に編める！おそろいの帽子

きれいな虹色の毛糸を見つけたので、娘にニット帽を編みました。かぎ針を使って、長編みでくるくる編んでいくだけなので簡単。違う色で息子用と自分用も編みました。編み物は途中で失敗をしても、ほどけば何度でもやり直しがきくので、気楽にできるところが好きです。

材料

かぎ針 10/0 号（6.0mm）、毛糸玉 1 個
（100 g 巻・ハマナカパッケ・約 74 m）

作り方のヒント

●息子と私のサイズ
14 目→ 21 目→ 28 目→ 42 目 × 7 段
（所要時間：3 ～ 4 時間）

● 2 歳の娘のサイズ
12 目→ 18 目→ 24 目→ 36 目 × 7 段
（所要時間：2 ～ 3 時間）

頭頂から円状にぐるぐると長編み。クロスしたところだけ長々編みです。

手作りで楽しむ年中行事

暮らしを彩る季節のイベントを、大切にしたいと思っています。手作りの食べものや飾りを作って、みんなで一緒に楽しんでいます。

お誕生日の日はケーキを焼いて、子どもたちに盛りつけを担当してもらいます。

クリスマスや子どもの日は、和室の壁に、手作りのオーナメントを飾りました。壁を使うオーナメントなら場所を取らないので、狭いわが家でも楽しめます。子どもたちが触って遊べるし、折りたたんでコンパクトに収納できるのもいいところ。

一つひとつの行事には、深い意味が込められています。私もまだまだ知らないことが多いので、その都度調べながら、子どもたちに毎年少しずつ伝えていけたらいいなと思います。

**誕生日には
みんなでケーキ作り**

子どもの誕生日は、ケーキを焼きます。いろいろな果物を用意して、仕上げは子どもたちにお願いしました。盛りつけも、食べるときも大はしゃぎです。

クリスマス飾り

オーナメントを、トイクロスにくっつけたり剥がしたり。娘は飽きずに何度もやっていました。

ツリー本体は、緑色のトイクロス（マジックテープがくっつく布）をカット。壁紙用の両面テープで壁に貼りました。

オーナメントは古い子ども服の布やボタンなどで作りました。裏にマジックテープを縫いつけています。

たたむとこんなにコンパクトになって、収納しやすいです。

クリスマスのリース

木の実や花の配置にたくさん迷って随分時間がかかったけれど、とっても楽しい作業でした。

こいのぼり飾り

子どもの日には、赤と青のトイクロスをこいの形に切って、こいのぼりを作りました。クリスマスのオーナメントを、こいのぼりにペタペタくっつけたらできあがりです。

柏餅を作ってお祝いします

子どもの日のお祝いに小豆を炊いて、柏餅を作りました。「柏の葉は新芽が出ないと古い葉が落ちないから、跡継ぎが絶えない、という意味が込められているんだって」。そんな話をしながら、子どもと楽しくお餅を丸めて、できたてをいただきました。

お正月飾り

土台のしめ縄に、ドライフラワーをグルーガンでつけていきました。ピンク色の大きい花は、芍薬。そのほかに、蓮の実やダリア（紅色）、アジサイ、タンジーなどを使いました。

捨てるものを使って おもちゃを作る

郵便受けに入っていたマグネット広告を使って、福笑い風のおもちゃを作りました。冷蔵庫に貼って、いろんな顔に変えて遊べます。

息子が見つけて早速遊び出し、自分で並べたのを見て大笑い。娘もつられて笑って、何回も並べ変えてふたりでゲラゲラ。こんなに楽しんでくれるとは！

作り方

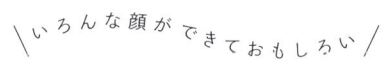

①マグネット広告の表面に貼ってある紙を手で剥がす。

②折り紙を目・鼻・口などの好きな形に切って、マグネットに貼りつける（のりと両面テープを使用）。

③折り紙が剥がれないように透明のテープを貼り、ハサミで切ったらできあがり。

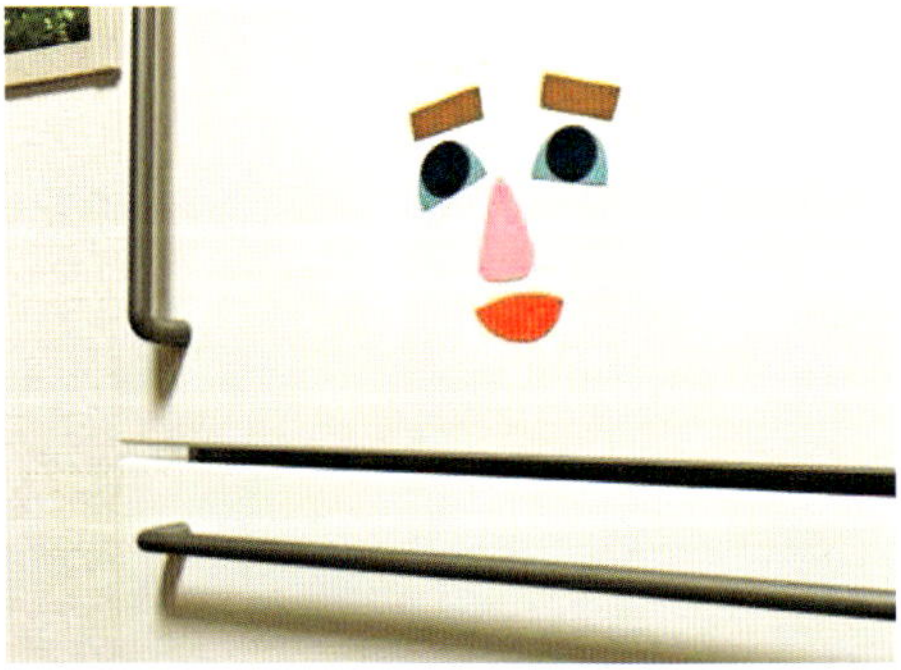

＼いろんな顔ができておもしろい／

手ぬぐいのハギレをコサージュに

手ぬぐいで子ども服（P.112 ~ 113）を作ったときの切れ端をコサージュに。麦わら帽子に合いそうです。

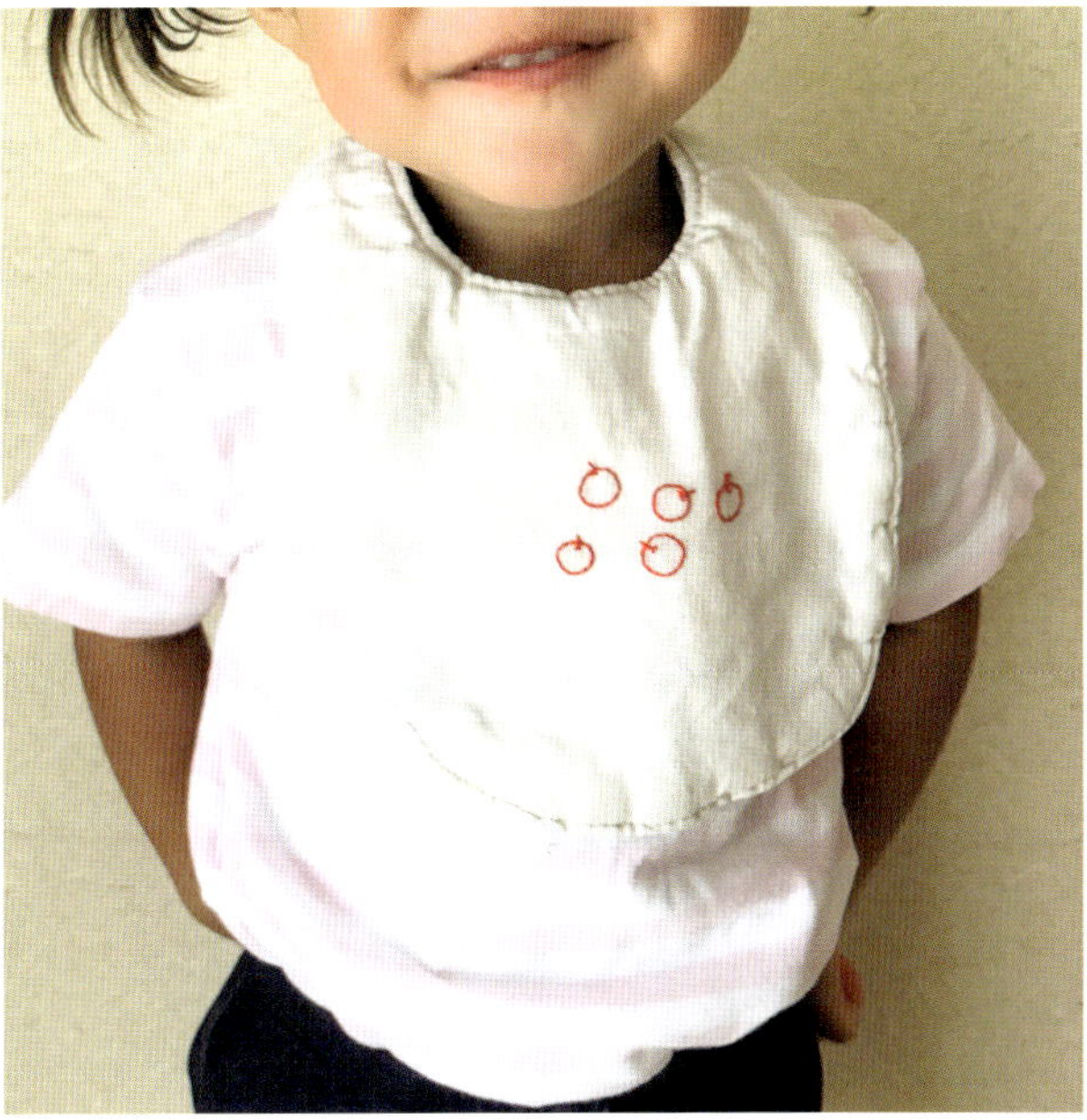

古いシーツをスタイに

古いシーツを再利用して作ったスタイ。娘の大好きなりんごの刺しゅうは、くるみボタンとおそろいです。

家にあるハギレを使って小物を作る

娘の髪の毛が結べる長さになったので、ハギレを使って、くるみボタンで髪飾りを作りました。娘が着ていたベビー服や、手作りストールの切れ端など、いろいろな模様の組み合わせを楽しめます。くるみボタンは、小さなハギレでも再利用できるからうれしいです。

くるみボタンにして髪飾りに

KIYOHARAのカバードボタンを使いました。たった1分でボタンが完成。

身近にある材料で手軽にラッピング

手土産用に、メープルクッキー（P.40）を焼いたときのこと。いつものラッピング袋を使い切ってしまい、どうしようかと考えて、身近な材料を使ってラッピングすることにしました。

クッキーの油脂が表に染みてこないように、クッキングシートを利用。クッキーが割れないようにそっと包み、マスキングテープを選んで貼って、ひもでリボンを結んだら完成です。テープやひもの色を替えたら、もっといろんなバリエーションが楽しめそうです。

ちょっとしたプレゼントは、食べものやお花など、長く残らないものを渡すことが多いです。相手の負担にならないような形で、大切な人に「いつもありがとう」の気持ちを、少しでも伝えられたらいいなと思います。

クッキングシートを使ってラッピング。

ラッピング袋を使うときも、麻ひもを使ってひと工夫。

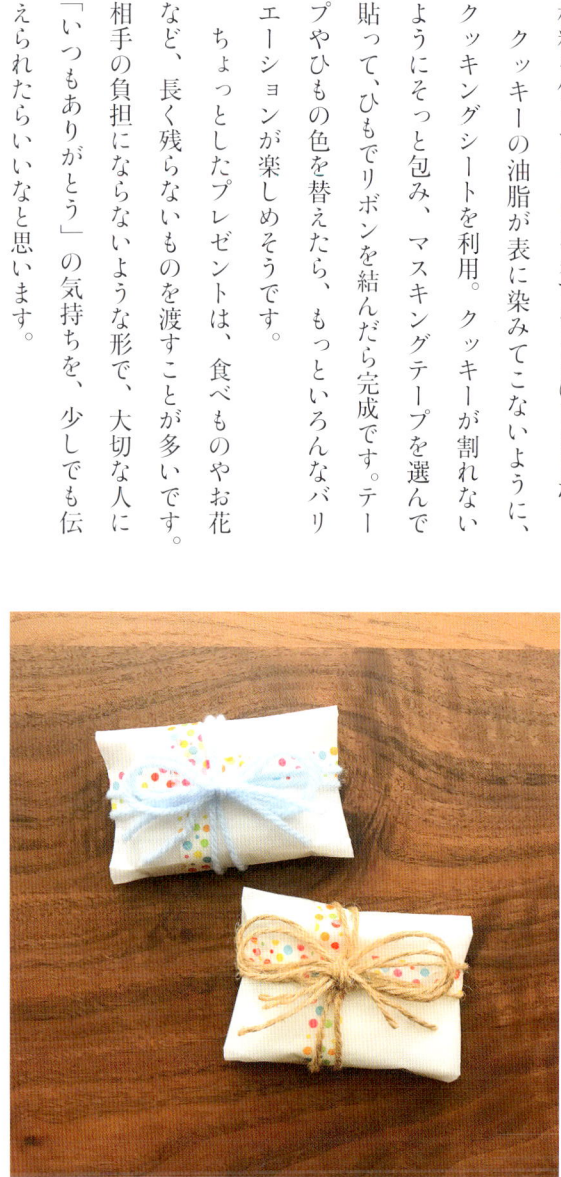

ラッピングのやり方

材料

クッキングシート、ひも（麻ひも、毛糸など）、マスキングテープ

①

クッキングシートに折り目をつける。

②

クッキーを包んで左右のシートをたたむ。

③

上下もたたむ。

④

クッキングシートの端を少し折り込み、折り込んだ端に沿ってマスキングテープを貼る。

⑤

タテ・ヨコにぐるっと一周テープを貼る。ひもを結んだら完成。

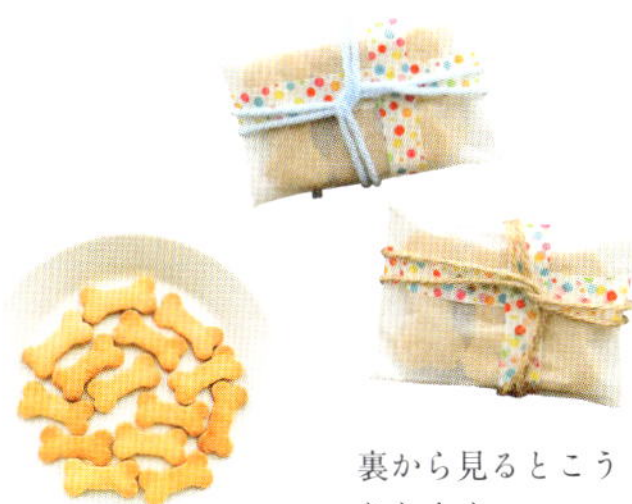

裏から見るとこうなります。

お気に入りのお店を紹介します

素敵なお店を探して、歩き回るのも好きだし、ネットでお店を探すのも好きです。

私のお気に入りの雑貨や家具、本が見つかるお店、そしておいしいパン屋さんやカフェをご紹介します。

居心地のいいカフェと雑貨屋さん

ゆったりまったり、ついつい長居してしまうカフェ。併設の雑貨屋さんには、文具やアクセサリー、瓶入りの保存食などが並んでいて、どれもが可愛いからウキウキしてしまいます。

手紙舎 2nd STORY

東京都調布市菊野台 1-17-5 2 階
12 ～ 23 時・月休　TEL 042-426-4383
http://tegamisha.com/shop

絵本以外のフロアも楽しい

おもちゃ、本、コスメ、雑貨、野菜や調味料などの食品、そしてレストラン。地下 1 階から地上 3 階まですべてのフロアが大好きで、何度も訪れている場所です。

クレヨンハウス（東京店）

東京都港区北青山 3-8-15
営業時間は HP にて確認を
TEL 03-3406-6308
http://www.crayonhouse.co.jp/shop/c/c

時間がゆっくり流れる空間

心が落ち着く静かなお店。ひとつひとつ丁寧に大切に作られた食器や雑貨が、そっと並べられています。カッティングボードや小ぼうきなどの雑貨は、ここで出会ったもの。

KOHORO（二子玉川店）

東京都世田谷区玉川 3-12-11　1 階
11 ～ 19 時　TEL 03-5717-9401
http://www.kohoro.jp/

子連れで楽しめるカフェ

友達に連れて行ってもらって大ファンに。新鮮な食材を使った料理、登って遊べる木の遊具……。小さな子どもと一緒に安心して行くことができる、素敵なカフェです。

こまちカフェ

神奈川県横浜市戸塚区戸塚町 145-6 奈良ビル 2 階
10 ～ 17 時・日・祝・月 1 回月休　TEL 070-5562-9555
http://comachiplus.org/cafe

まっすぐなおいしさに感動

数種類の自家培養した発酵種を使い分けた、オリジナリティあふれるパンたち。お店の方の親切な対応にもいつも感激。それも含めて大ファンです。

ラトリエ　ドゥ　プレジール

東京都世田谷区砧 8-13-8　ジベ成城 1 F
TEL 03-3416-3341　12 ～ 19 時・月・木休
http://www.plaisir1999.com/

大切なテーブルや椅子はここで

福岡にある、あこがれの家具屋さん。机、椅子、テーブル、ソファー……関東で開かれる個展に何年も通いつめて、少しずつ少しずつお気に入りを手に入れています。

広松木工（大川本店）

福岡県大川市大字鬼古賀 174- 1
TEL 0944-87-5911　13 ～ 18 時（土日 10 時～）・火休
http://hiromatsuworks.petit.cc/banana/

運命の出会いがあるお店

不定期にふらりと立ち寄る古道具屋さん。広い店内にはたくさんの家具や雑貨がところ狭しと並んでいます。これまで何度も、運命の出会いがありました。

アンティーク山本商店

東京都世田谷区北沢 5-6-3
TEL 03-3468-0853　11 ～ 19 時・月休（祝日の場合火休）
http://www.antique-yamamoto.co.jp/

素敵なかごに囲まれてうっとり

『カゴアミドリのかごの本』という本で知ったお店です。可愛いかごに出会えるだけじゃなくて、かごの使い方や飾り方もすごく素敵です。メールマガジンも愛読。

カゴアミドリ

東京都国立市西 2-19-2 第一村上ビル 2 階
TEL 042-505-6563　10 時半～ 17 時・月火休
http://kagoami.com/

世界中から集めたカードが見られる

グリーティングカードの専門店。世界中から集められたカードがずらりと並んでいます。たくさんありすぎて全部を見ることはできないけれど、眺めているだけで楽しくなります。

Tout le monde SHOP

東京都渋谷区神宮前 5-45-9 レジェンド表参道 1 階
TEL 03-5469-1050　11 ～ 19 時・火休
http://www.billboard-kj.com/index.html

革製品の職人さんに会える店

ショップと工房がひとつになっている革の鞄屋さん。お店の奥に工房があって、職人さんたちが作業をしています。作っている方に直接会えるなんてうれしいなと思います。

Organ

東京都渋谷区神宮前 5-13-2　パインアンダーフラット 1 階
TEL 03-3406-2010　11 ～ 19 時・水休
http://www.organ-leather.com/

環境にやさしい製品作りも魅力

金沢にあるオーダーひのき家具の専門店。木箱と息子のベッドをオーダーしました。親切に迅速に対応してくださって、しかもリーズナブル。

マイスター・マトバ

石川県金沢市北森本町ニ 88 番地
TEL 0120-48-0057　8 時半～ 18 時・日祝・第一土休
https://hinoki-furniture.com/

おわりに

最後まで読んでくださって、どうもありがとうございます。２冊目の本を出版できるなんて、本当にうれしい気持ちでいっぱいです。

今回も、たくさんの方が支えてくださって、この本を完成させることができました。

前回とは違う内容で、もっと良い本を作らなければ……というプレッシャーが自分の中にあり、原稿が進まず、途中で何度も泣きそうになりました。そんな私を、構成の臼井美伸さんがずっと励まし続けてくださいました。エクスナレッジの別府美絹さんには、的確な指示とアドバイスをたくさんいただきました。撮影の柳原久子さんは、美しい写真で、私の思いを表現し

てくださいました。後藤美奈子さんは、こんなに可愛いデザインを考えてくださいました。前川侑さんとはママ友として仲良くなり、ブログにも本書にもイラストを描いていただきました。そして、ブログの読者の皆さまと、友人、子どもたちの力もとても大きいです。

心から感謝しています。どうもありがとうございました。

今、家事の新しいひらめきがいくつか浮かんでいて、ワクワク・うずうずしています。「ここに置いたほうがスムーズに片づくかも」「こんなおやつも作ってみたい」。失敗したり後退することも多いけれど、工夫することをこれからもいっぱい楽しみたいなあと思います。

皆さまにとって、心地のよい楽しい暮らしが、ずっと続いていきますようにと祈りをこめて。

中山あいこ

岐阜県生まれ、東京都在住、35歳。

12歳の息子、2歳の娘を育てるワーキングマザー。

2013年に、ブログ「生活のメモ」をスタート。

シンプルで心地のよい暮らしをテーマに、日常を綴る。

2016年、ライブドア公式ブロガーに。

2017年、ライフオーガナイザー®の資格を取得。

家事も子育ても仕事も、「楽しむこと」がモットー。

座右の銘は、“Hope for the best and prepare for the worst.”

(最善を望み、そして、最悪に備えよ)。

著書に『家事がラクになるシンプルな暮らし』(小社刊)がある。

ブログ「生活のメモ」http://seikatsunomemo.com

面倒くさがりでも、時間がなくてもできる

家事が好きになる
暮らしの工夫

2017年9月14日　初版第1刷発行

著　者　中山あいこ
発行者　澤井聖一
発行所　株式会社エクスナレッジ
〒106-0032 東京都港区六本木7-2-26

問い合わせ先
編集　Tel : 03-3403-6796　Fax : 03-3403-1345
info@xknowledge.co.jp
販売　Tel : 03-3403-1321　Fax : 03-3403-1829